図解
よくわかる

地方税のしくみ

〈第1次改訂版〉

柏木 恵［著］

学陽書房

改訂にあたって

この本は、『図解よくわかる地方税のしくみ』の改訂版になります。初版は『図解よくわかる』シリーズとして、地方税に携わる上での仕事の基本、地方税法の要点、実務のエッセンスを取り上げ、書いたものです。

新卒や異動で、初めて税務職員になった方を主要な読者対象にしていますが、地方税を全く知らない方でも、税務業務について概観できるように、そして、税務職員として動けるように、業務の流れに視点を置いているのが、他の本との違いです。

初版は2014(平成26)年2月に刊行されたので、6年前になります。以来4回刷りを重ねた後、今回の改訂となりました。

この6年間で、地方税を取り巻く状況は変化しました。グローバル化やデジタル化が進展し、モバイルでできることが増えました。外国人住民も増加しているので、デジタル化だけでなくグローバルな視点でより効率的な税務業務を行う必要が出てきました。

一方で、日本は先進国の中でも先駆けて高齢社会になるので、人口減少・少子高齢社会に対応しなければなりません。当然、公務員の数も減少しますので、デジタル化による業務効率化は避けては通れません。

さらに、税制改正は毎年行われますが、それに加えて、債権に係る民法の大改正があり、令和2年4月より施行されます。この民法改正も税務業務に大きく影響しますので、それらを踏まえて、全般的に見直しを図りました。

この本は、税務職員向けに書かれたものであると同時に、納税者である住民の方々にも、地方税とはどのようなものか、自治体の税務課は日ごろどのような仕事をしているのか、この本で知っていただこうというのも本書の狙いです。

職員、住民の方問わず、自治体を取り巻く税の現状など幅広い知識を持っていただくことや、仕事上で困ったとき、さまざまな基礎知識の要点を知りたいなと思ったときに、すぐに概要をつかめることができることを目標としています。

また、最終章ではこれから税務業務を背負っていただく方々にとって、これからの時代に必要になるであろう新しい視点もいくつかご紹介しています。

この本は、地方税を知る上で最初に手に取る本をコンセプトとしていますので、専門書や法律書の前段として存在します。さらに、もっと詳しく知りたい場合の勉強方法や研修場所、書籍(専門書や法律書)などをガイダンスしていますので参考にしてください。

税務業務はとかく難しいと思われがちですが、苦手意識を持たれる前に、本書から地方税はこんなかんじなんだと全体像を摑んでいただけたら、著者として幸いです。

なお、本書の出版にあたり、いつも研究に専念できる環境を提供してくださっている一般財団法人キヤノングローバル戦略研究所の福井俊彦理事長ならびに事務局に心から感謝申し上げます。

また、本書の発刊にご尽力いただいた学陽書房の宮川純一氏にお礼を申し上げます。

令和２年２月

柏木　恵

図解 よくわかる 地方税のしくみ〈第１次改訂版〉

改訂にあたって

第１章　税務の仕事の基本

1　税務部門に配属されるということは ……… 10
2　公権力の行使とは ……… 12
3　自力執行権とは ……… 14
4　守秘義務と情報漏えい ……… 16
5　税務部（課）にくる人々 ……… 18
コラム　税務の仕事をいち早く覚えるために ……… 20

第２章　税務部門って、どんなところ？

1　税務部の組織（市町村の例）……… 22
2　税務部の組織（県の例）……… 24
3　税務職員（課税：市民税係）の一日 ……… 26
4　税務職員（課税：資産税係）の一日 ……… 28
5　税務職員（収納）の一日 ……… 30
6　税務職員（徴収）の一日 ……… 32
7　年間カレンダー ……… 34
コラム　おすすめの研修先・ネットワーク ……… 36

第３章　地方税の基礎知識

1　租税とは ……… 38
2　租税原則とは ……… 40
3　租税の役割とは ……… 42

4　直接税と間接税 ……………………………………… 44
5　自治体の役割 ……………………………………… 46
6　地方税の法体系 ……………………………………… 48
7　自治体の課税根拠 ……………………………………… 50
8　地方税原則 ……………………………………… 52
9　自治体の歳入 ……………………………………… 54
10　国と地方の税源配分 ……………………………………… 56
11　国税・地方税の税目・内訳 ……………………………………… 58
12　地方税の体系 ……………………………………… 60
13　課税自主権による法定外税 ……………………………………… 62
14　三位一体改革による税源移譲 ……………………………………… 64
15　地方税の税率 ……………………………………… 66
16　超過課税 ……………………………………… 68
17　地方税収の推移 ……………………………………… 70
18　地方税の滞納状況 ……………………………………… 72
19　地方税の徴収率 ……………………………………… 74
20　非課税・減免 ……………………………………… 76
21　非課税所得 ……………………………………… 78
22　納税通知書と納付書 ……………………………………… 80
23　市税に関する証明 ……………………………………… 82
24　窓口での確認 ……………………………………… 84
25　納税証明書 ……………………………………… 86
26　(非) 課税証明・所得証明 ……………………………………… 88
27　評価証明 ……………………………………… 90
28　納税管理人制度 ……………………………………… 92
29　連帯納税義務 ……………………………………… 94
30　第二次納税義務 ……………………………………… 96
31　一部事務組合・広域連合 ……………………………………… 98

32　ふるさと納税制度 …… 100
33　復興特別税 …… 102
34　地方税の税務機構（政府）…… 104
35　総務省の所轄審議会等 …… 106
コラム　おすすめの参考図書（総論・租税法等）…… 108

第４章　地方税の一つひとつの仕事

1　徴収方法 …… 110
2　普通徴収 …… 112
3　特別徴収 …… 114
4　申告納付 …… 116
5　証紙徴収 …… 118
6　電子申告・電子納税 …… 120
7　収納・消込 …… 122
8　納付の種類 …… 124
9　納付方法の状況 …… 126
10　還付・充当 …… 128
11　還付加算金 …… 130
12　納税猶予 …… 132
13　滞納整理・滞納処分 …… 134
14　督促 …… 136
15　催告 …… 138
16　所在調査・財産調査 …… 140
17　分納 …… 142
18　公示送達 …… 144
19　捜索 …… 146
20　差押 …… 148
21　公売・換価 …… 150

22　交付要求 …… 152
23　参加差押 …… 154
24　修正申告と更正の請求 …… 156
25　更正・決定 …… 158
26　審査請求 …… 160
27　附帯金とは …… 162
コラム　おすすめの参考図書（主要税目・徴収等）…… 164

第5章　これからの論点

1　マイナポータルの活用 …… 166
2　外国人の課税 …… 168
3　タックスアムネスティ …… 170
4　徴収コストを考える …… 172
5　納税者とのコンタクト …… 174
6　RPAの活用 …… 176
7　民間委託 …… 178
8　所有者不明土地の問題 …… 180
9　徴収一元化 …… 182
10　徴収の理想形 …… 184
コラム　自治体の課題 …… 186

章

税務の仕事の基本

1-1 税務部門に配属されるということは

● 税務職員に求められるもの

1. 公権力の行使

強制徴収ができる「税」を扱うということは、公権力を行使することです。

2. 守秘義務

税務職員だけがみることのできる情報があります。守秘義務は守りましょう。

3. 慎重さ

大きな権限を持つ立場になるので、それだけ慎重になる必要があります。

4. プロフェッショナル

住民と直接会う部署であり、配属初日からプロフェッショナルな対応を求められます。

窓口業務、電話対応はとても重要です。

5. 気構え

税務職員であるという気構えを持ちましょう。

税務部門で働くということは、税金を扱うため、他の部署で働くこととは異なるルールや特徴があります。公務員として自覚し行動することに加えて、税務職員ならではの権限を理解し、自律して働かなければなりません。一方で、税務業務は自治体運営の大事なエンジンになる素晴らしい業務です。税務部門ならではの達成感や充実感を味わうこともできるでしょう。

●税務部門の仕事とは

税務部門の仕事は、おおまかにいえば「課税、調査、収納、徴収」に区分することができます。

●課税機会の拡大

課税担当者は、地方税法で規定する質問検査権を駆使して、課税機会の拡大を目指し、財政の歳入を増やすことを目指しましょう。

●滞納者が再び滞納しないように仕向ける

徴税吏員は、滞納者の実態をきちんと把握し、滞納者が再び滞納しないように、滞納者の生活の自立を図りつつ、毅然とした態度で業務を全うしましょう。

1-2 公権力の行使とは

行政手続法第２条第２号

●「公権力」とは

国や自治体が国民に対してもっている権力をいいます。

●「公権力の行使」とは

行政手続法第2条第2号（定義）で、
「処分：行政庁の処分その他公権力の行使に当たる行為をいう」
と定義されています。

公権力の行使というと、恐れ多いイメージを持つ方もいらっしゃると思いますが、税務の仕事では、公共サービスを行うための財源として課税することや徴収することが該当します。納税者が納付しなかった場合に行う差押や公売、換価などの滞納処分も公権力の行使の１つです。税務業務に携わる場合には、自治体によって多少異なりますが、徴税吏員証や課税吏員証が交付されます。

●徴税吏員の「自力執行権」とは

税金の場合、徴税吏員に「自力執行権」が与えられ、その自力執行権を行使して、滞納処分することを指します。

1-3 自力執行権とは

国税徴収法第47条～第147条、地方税法第66条、第68条等

● 自治体は自ら執行権を行使できる

執行権

① 督促
② 滞納処分

● (参考) 私債権の場合

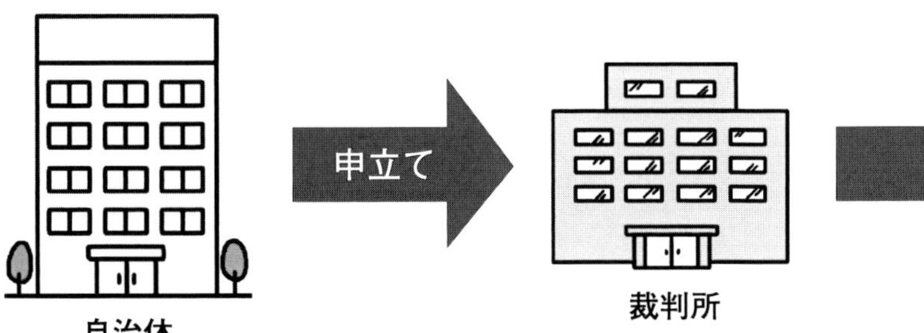

ポイント

自力執行権とは、債務不履行（滞納）があった場合、債権者である自治体が強制的に納付を実現させる権限を指します。税金は、自力執行権があるので徴税吏員自らが、督促や滞納処分（差押・公売・換価）などの強制的な対応ができます。

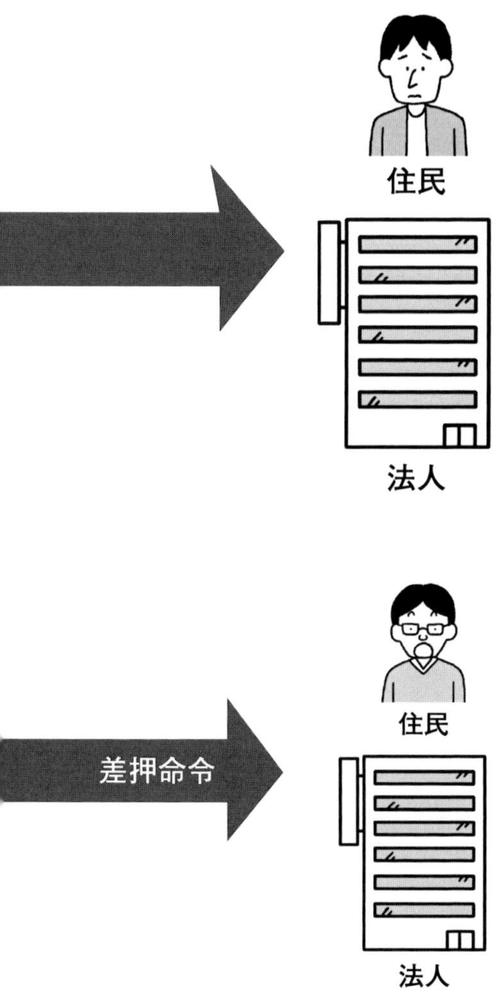

参考：地方税以外の自力執行権がある債権

- ○下水道受益者負担金（都市計画法第75条第5項）
- ○道路占用料（道路法第73条）
- ○土地区画整理事業の清算金（土地区画整理法第110条）
- ○保育所保育料（児童福祉法第56条第6項〜第8項）
- ○河川占用料（河川法第74条）
- ○分担金・加入金・過料（地方自治法第231条の3第3項）
- ○介護保険料（介護保険法第144条）
- ○国民健康保険料（国民健康保険法第79条の2）
- ○後期高齢者医療保険料（高齢者の医療の確保に関する法律第113条）

1-4 守秘義務と情報漏えい

地方税法第22条等

● 漏えいすると…（地方税法）

２年以下の
懲役

or

100万円以下の
罰金

税務職員や徴税吏員の罰則は厳しい。
それだけ重要な仕事なのです。

ポイント

税務職員は絶対に情報を外部に漏らしてはいけません。税務職員はみることができる情報が他の公務員よりも多いため、地方税法は地方公務員法よりも厳しい罰則を設定しています。重要な仕事を任されていると自覚して、漏えいしないように頑張りましょう！

● 漏えいすると…
（地方公務員法）

１年以下の
懲役

or

50万円以下の
罰金

●地方公務員法の規定

地方公務員法第34条第１項（秘密を守る義務）

職員は、職務上知り得た秘密を漏らしてはならない。

地方公務員法第60条（罰則）

違反者は1年以下の懲役又は50万円以下の罰金に処せられる。

●地方税法の規定

地方税法第22条（秘密漏えいに関する罪）

秘密を漏らし、又は窃用した場合においては、2年以下の懲役又は100万円以下の罰金に処する。

●守秘義務に関する通知

（「地方税に関する事務に従事する職員の守秘義務について」昭49. 11. 19　自治府第159号自治省税務局長通知）

1-5 税務部(課)にくる人々

● さまざまな来庁者たちとその目的

弁護士

・固定資産台帳の閲覧
・各種証明の申請

ディーラー

・車検用納税証明書の申請

税理士

・申告書提出
・固定資産評価証明の申請

法人(担当)

・法人の開設・廃止届の提出
・申告書提出

税務部（課）には、納税（自治体によっては確定申告）や証明書発行のために多くの人が訪れますので、どの人にも分け隔てない対応が必要です。
問い合わせには的確に答えられるように心がけてください。

税務課

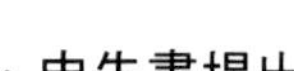

- 申告書提出
- 証明書申請
- ナンバープレート交付申請（原付バイク等）

- 申告書受付
- 証明書発行
- 納付書発行
- ナンバープレート交付（原付バイク等）

税務の仕事をいち早く覚えるために

税務部門はキツイと思われがちですが、意外なことに、自分が行ったことの結果がみえやすく、努力した分だけ形になりやすい部署です。税金を扱うので、金額的に把握しやすいのです。

早く仕事に慣れるには実践を重ねることで、周りの先輩たちに教えてもらうというOJTが最適ですが、自分自身でも時間をみつけて勉強しましょう。最初のうちは業務を行ったら、必ず振り返り、確実に仕事を覚えて行きましょう。

税務業務は法律がベースなので、まずは、地方税法や国税徴収法、租税法などの法律の本を見慣れるようにしましょう。何か一つ仕事を覚えたら、必ず原文にあたることを習慣づければ、法の解釈になれていきます。逐条解説も読むとよいでしょう。自治体には実務提要があるので、それも参考にしてください。具体的な事例や知りたいことは、本やインターネットで独自に調べるとよいでしょう。また、課内の先輩や他の自治体に教えてもらうのもよいです。

周囲の人たちに、あの人はなんでも知っているといわれて、相談が来るくらいの人になることを目指しましょう。

情報や知識が集まったら、自分だけのものにしておかず、マニュアル化するなど、周りの人とも積極的に共有し、組織のなかで蓄積していくといいでしょう。

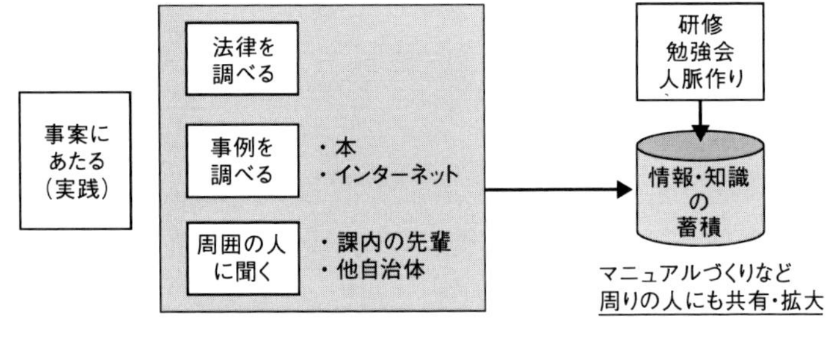

2章

税務部門って、どんなところ？

2-1 税務部の組織（市町村の例）

● 市役所の税務部の組織図

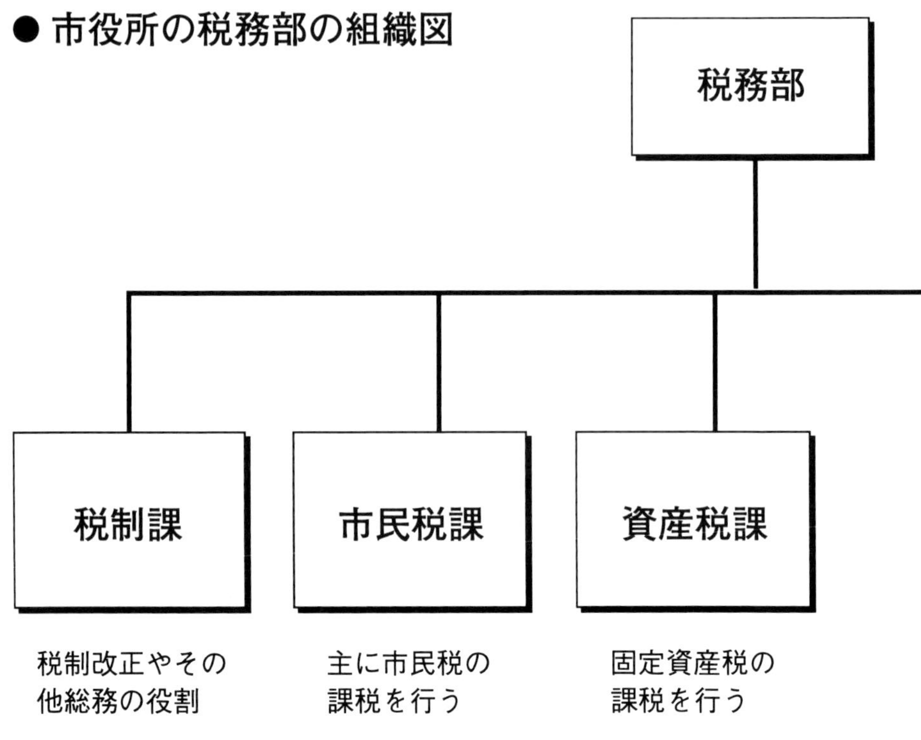

市役所の税務部門は、市民と直接会う窓口があり、人の出入りが多いです。
窓口業務は通常、どこの課にもあります。

市町村では、名称はそれぞれの市町村で異なりますが、課税部門は、市民税を扱う課と資産税を扱う課に大きく分かれ、収納や滞納を扱う課と、総務的な役割を行う課が設置されています。支所や出張所などと呼ばれる出先機関でも収納や証明書発行などを行っています。最近では、滞納対策室や徴収対策室と呼ばれる滞納専門の部署を設置するところもあります。

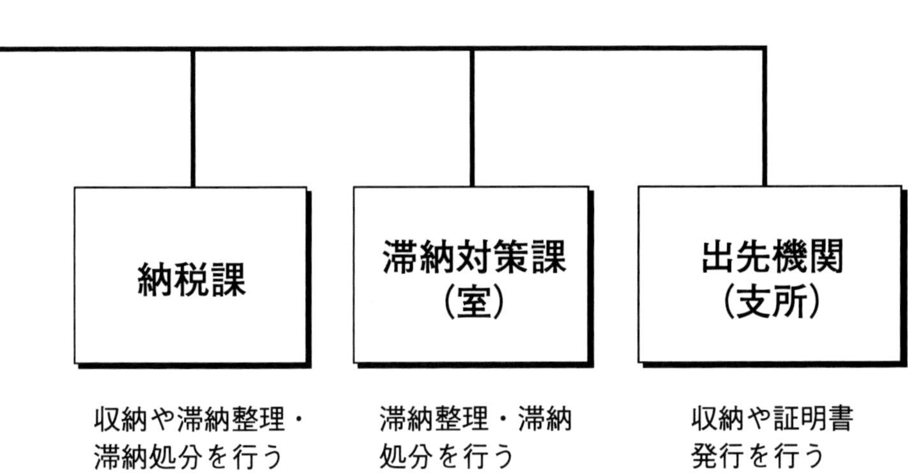

2-2 税務部の組織（県の例）

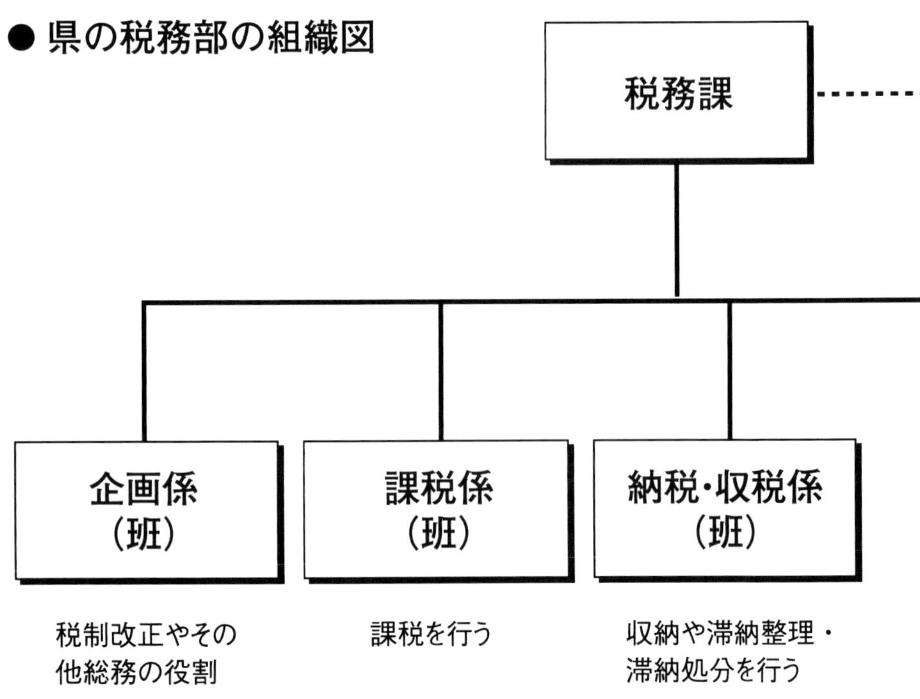

県の場合、県民は県税事務所や自動車税事務所に行くことが多く、
本庁は比較的静かです。

県では、名称はそれぞれの県で異なりますが、本庁では、通常、総務的な役割を行うところ、課税を担当するところ、納税や収納を行うところ、電算システムを対応するところがあります。その他に県税事務所があり、自動車税を扱う自動車税事務所があります。最近では、滞納対策室や徴収対策室と呼ばれる滞納専門の部署を設置するところもあります。

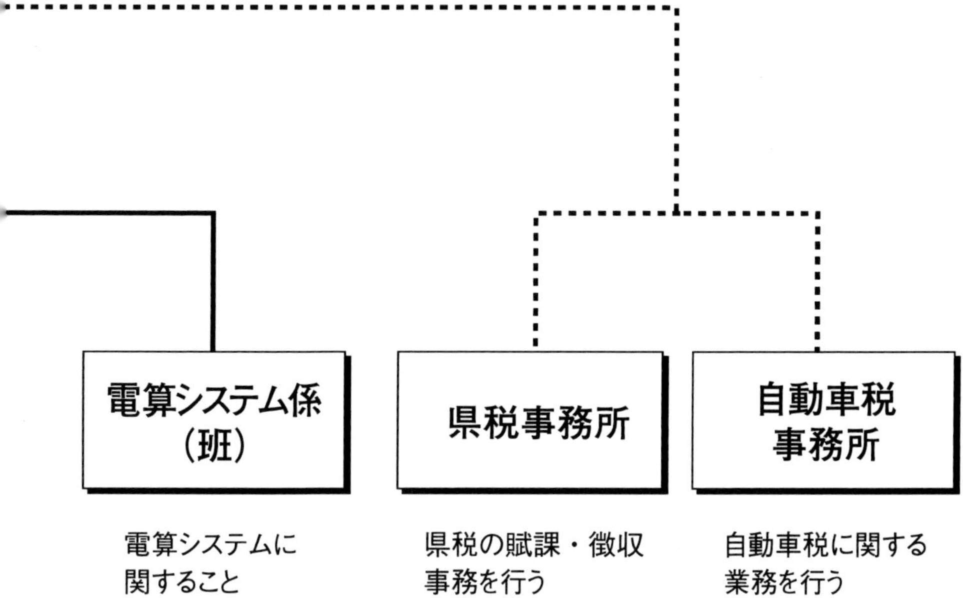

電算システム係（班）

電算システムに関すること

県税事務所

県税の賦課・徴収事務を行う

自動車税事務所

自動車税に関する業務を行う

2-3 税務職員（課税：市民税係）の一日

〔朝〕

仕事内容

窓口証明書発行事務
申告書受付（賦課・決定・更正）
他市町村等からの照会対応
住民からの課税内容の問い合わせ対応

ポイント

市民税係で最も忙しいのは申告受付と課税業務の時期です。この時期は係総出で業務しますが、通常は、職員一人ひとりに税目が与えられ、各税目のスケジュールにしたがって仕事をします。住民や他自治体からの照会対応や証明書発行、申告書受付などの窓口業務などもあります。

→〔夕〕

申告書確認
申告書整理
（決議書回覧、ファイリング）
課税内容のチェック・確認
未申告者への対応

●課税担当者の権限

課税担当者には適正な課税を行うために質問検査権が与えられています。

●市民税係の繁忙期

毎年1～6月頃が申告受付と課税業務で一番忙しい時期です。

●確定申告時の委任

毎年2月16日～3月15日の確定申告時期は国・県・市町村の職員で確定申告の受付を行います。

2-4 税務職員（課税：資産税係）の一日

〔朝〕

仕事内容

登記済み通知書の整理
土地台帳・家屋台帳の更新
証明書発行事務
償却資産の申告受付
償却資産の調査
住民からの課税内容の問い合わせ対応

資産税係は固定資産税を扱うところです。他の税目と異なるのは、登記された土地や家屋に課税するので、台帳やシステム上のデータを常に整備しておく必要があることと、土地や家屋の状況を現地調査する必要があります。

〔夕〕

土地

現地調査（土地・家屋）

評価

（固定資産税の評価は3年に一度見直されます）

戻って入力

2-5 税務職員（収納）の一日

〔朝〕

仕事内容

納付書発行

消込処理

日計が送られてくる

➡電算システムで消込

➡過誤納付があった場合
還付または充当

証明書発行事務

収納は口座振替や銀行、コンビニエンスストアなどからの振込によって入金した税について、税務部にある収納データと、会計課から送られてくる日計表を突合し、正しいかどうかチェックする仕事です。過誤納があった場合は、還付や充当の手続きを行います。督促状の発布や、口座振替の処理なども行います。

→〔夕〕

時効の管理
口座振替の手続き
督促状の発布

●時効の管理とは

収納担当者の重要な業務に時効の管理があります。日計の収納日と実際の領収日に違いがあるため、領収日の管理が必要だからです。

延滞金の計算においても起算日を把握する必要があり、実際の領収日が必要となります。

2-6 税務職員(徴収)の一日

〔朝〕

仕事内容

事案の確認
窓口対応
電話催告
文書催告
財産調査
差押業務(滞納処分)
電子差押

徴収の仕事は、滞納整理と滞納処分です。滞納になった事案について、財産調査を行い、文書や電話もしくは臨戸によって催告し、納税交渉に対応します。それでも納付しない場合には、滞納者の財産を差押え、換価し、税収とします。捜索・差押は一日仕事です。督促状の発布は収納係で行うことも多いです。最近では捜索による動産差押と公売による換価の手法も多く用いられます。

→〔夕〕

納税交渉

納付がない場合は
財産を差押します

窓口対応
電話催告
分納管理

2-7 年間カレンダー

● 税目によって納期は違う

納付月/税目	4月	5月	6月	7月	8月
市県民税（普通徴収）			1期		2期
固定資産税		1期		2期	
軽自動車税	全期				
国民健康保険税				1期	2期

市税の１年間はおおむねこのように流れます。年税額が決まると納税通知書を送ります。各税目には納期が設定されており、納期に合わせて、納税通知書を送ります。スケジュールは毎年ほぼ同じなので、仕事とプライベートのスケジュールも立てやすく、それは利点といえるでしょう。

市税の1年間はおおむねこのように流れます。
ただし、納期は自治体によって異なります。

9月	10月	11月	12月	1月	2月	3月
	3期			4期		
			3期		4期	
3期	4期	5期	6期	7期	8期	

おすすめの研修先・ネットワーク

自治体職員向けに税務の勉強ができる、さまざまな研修先があります。研修の機会があったら積極的に参加し、さらなる知識を身につけましょう。

【主な研修先】

・自治大学校

・市町村職員中央研修所（市町村アカデミー）

・全国市町村国際文化研修所（JIAM）

・日本経営協会（NOMA）

・九州徴収フォーラム

・時事通信プレミアムセミナー

そのほか、全国知事会・全国市町村会、民間企業などでもセミナーを行っています。自治体のなかには、講師を呼んで研修会を開くところもあります。近隣自治体と勉強会を開いている自治体もあります。

その他に、自治体職員同士のネットワークとして、

・行政経営フォーラム

・特定非営利活動法人 ローカルガバメント・ネットワーク（NPO LG Net）などがあります。

こういうネットワークに積極的に参加して、人脈・知識を広げましょう。わからないことを聞いたり、情報交換したりと心強い仲間ができます。

章

地方税の基礎知識

3-1 租税とは

日本国憲法第30条

住民

住民税
固定資産税
自動車税など

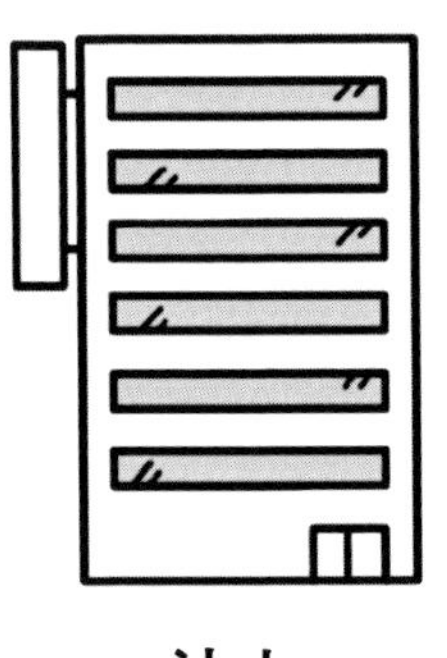

法人

法人事業税
法人住民税
固定資産税
自動車税など

租税とは、国または自治体が、その経費に充てるために、法律に基づいて国民や住民から強制的に徴収する金銭のことをいいます。

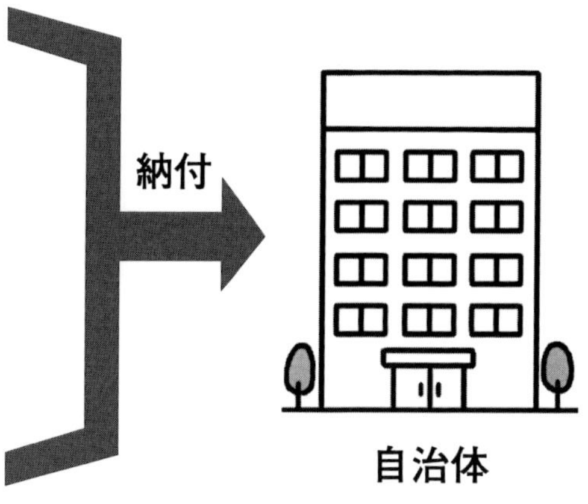

●納税の義務
（日本国憲法第30条）

国民は、法律の定めるところにより、納税の義務を負う。

●地方団体の課税権
（地方税法第２条）

地方団体は、この法律の定めるところによつて、地方税を賦課徴収することができる。

3-2 租税原則とは

● 税の基本原則は「公平・中立・簡素」

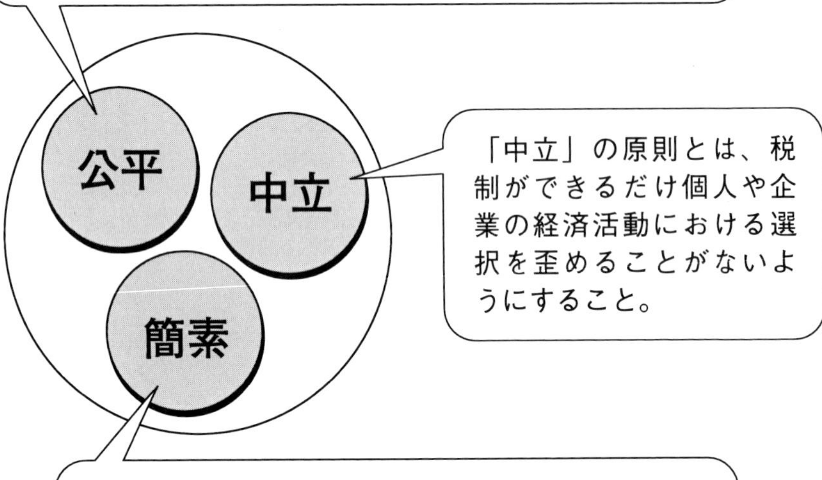

出所：「わが国税制の現状と課題－21世紀に向けた国民の参加と選択－」（平成12年7月税制調査会）

租税原則は、課税を行う上で重要な原則で、租税は公平かつ中立で簡素でなければなりません。税務職員はこの原則をいつも意識し業務に臨みましょう。租税原則は仕事で迷ったときに立ち返ることができるものでもあり、よりどころにもなります。

● 租税原則

	アダム・スミス	ワグナー	マスグレイブ
国庫基準		Ⅰ財政政策上の原則 1. 税制の十分性 2. 税収の可能性	
経済基準		Ⅱ国民経済上の原則 3. 税源選択の妥当性 4. 税種選択の妥当性	1. 課税の中立性 2. 公平侵害の最小化 3. 経済の安定と成長
租税の負担配分基準	1. 公平	Ⅲ公正の原則 5. 課税の普遍性 6. 課税の平等性	4. 公平の原則 ・水平的公平 ・垂直的公平
税務行政基準	2. 明確 3. 便宜 4. 徴税費最小	Ⅳ税務行政上の原則 7. 明確 8. 便宜 9. 徴税費最小	5. 明確性および非恣意性 6. 徴税費および納税協力費の最小化

出所：片桐正俊編著『財政学―転換期の日本財政―』東洋経済新報社（1998）225、227頁

租税原則は、古くは、イギリスのアダム・スミスが『国富論』のなかで論じており、他に、ドイツのアドルフ・ワグナーが有名です。近年ではリチャード・マスグレイブがあります。

3-3 租税の役割とは

● 租税の役割

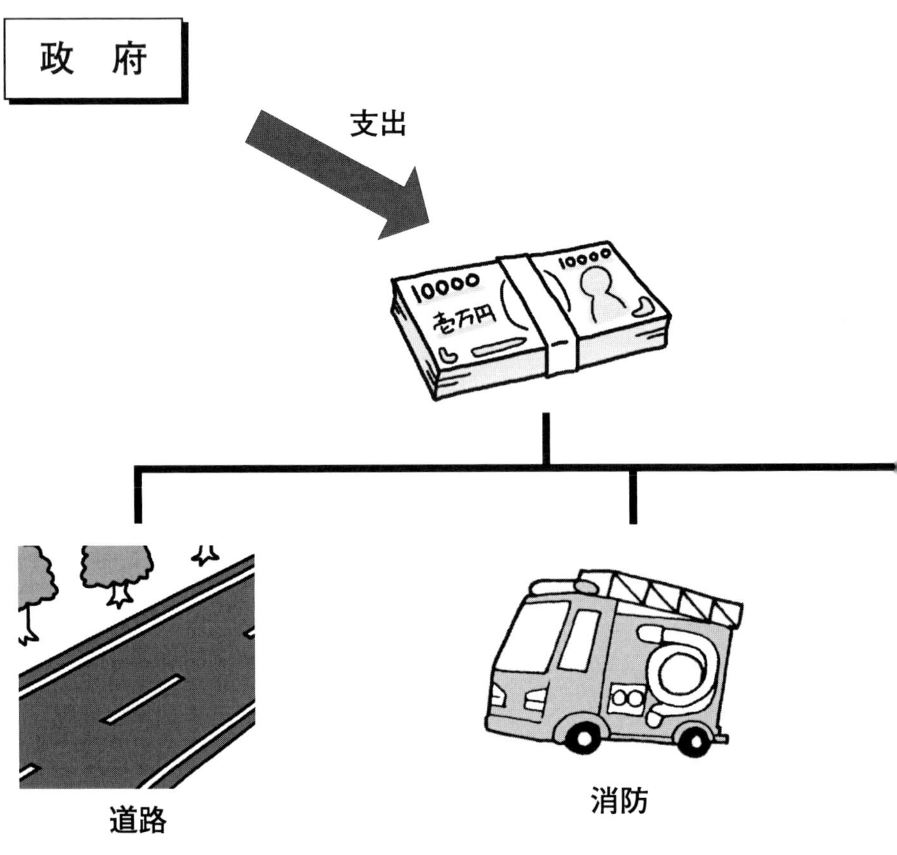

資料：片桐正俊編著『財政学―転換期の日本財政―』東洋経済新報社（1998）225、227頁

租税は自治体が公共財や公共サービスを提供するための費用として徴収されます。租税には、累進課税を用いることで、持てる者から持たざる者への富の移転を行う所得再分配する機能もあります。また、経済を安定化させる機能もあります。

● 租税が担う４つの役割

❶ 財源調達：政府の調達する財やサービスを賄うための機能
❷ 資源配分：資源の配分を変更するための機能
❸ 所得再分配の手段：所得を再分配するための機能
❹ 経済安定化の機能：有効需要を調整し経済を安定化する機能

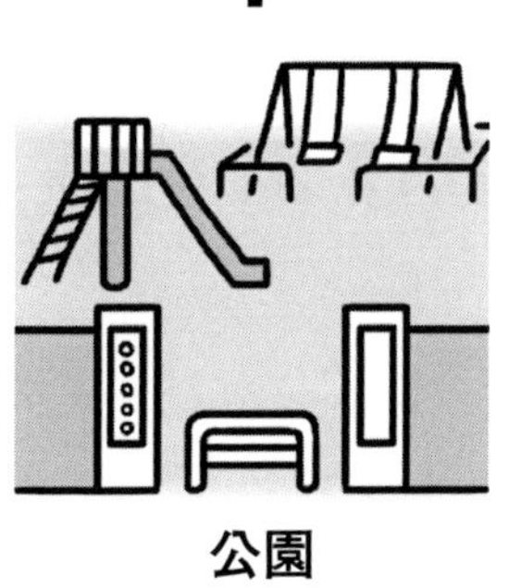

公園

●租税の役割の各定義

❶財源調達機能

政府は市場メカニズムでは提供が難しい財・サービス（軍事、国防、裁判、警察、公共事業など）を提供しているが、その公共サービスの費用を調達する機能。これが最も基本的な機能といわれています。

❷資源配分

道路、橋、公園などの公共財を政府により供給する機能。

❸所得再分配の手段

所得税の累進課税など、持てる者から持たざる者に富を再分配する機能。

❹経済安定化の機能

所得の変動に応じた税率の変動により、景気が自動的に調整されるという効果を有します。

この効果は「自動景気調整機能（ビルト・イン・スタビライザー）」と呼ばれています。

3-4 直接税と間接税

● 直接税

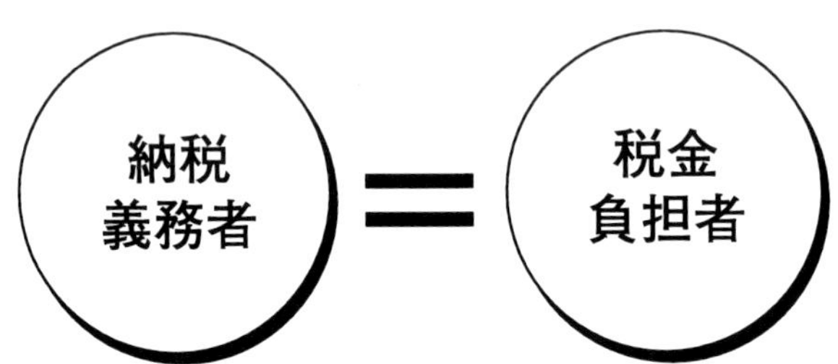

● 直接税と間接税の区分と種類

	直接税
道府県税	道府県民税、事業税、不動産取得税、自動車税、鉱区税、固定資産税（特例分）、狩猟税など
市町村税	市町村民税、固定資産税、軽自動車税、事業所税、水利地益税など
特　　徴	・累進課税や控除の設定で、高所得者から低所得者へ所得を再分配できる（所得再分配） ・納税者の担税力に応じて細かい対応ができる

直接税とは、納税義務者と担税者（税金負担者のこと）が同じです。納税義務者が自治体に直接納めます。
間接税とは、納税義務者と担税者が一致しません。担税者が直接納めず、納税義務者である事業者などを通じて納めます。間接税の場合は、消費者である担税者が税金を負担するため、「税負担の転嫁」があるといわれます。

●間接税

納税義務者 ≠ 税金負担者

税金を納めるように義務付けられた人（納税義務者）と税金を負担する人（担税者）が、同じかどうかによって区分けされます。

	間接税
道府県税	地方消費税、道府県たばこ税、ゴルフ場利用税、軽油取引税など
市町村税	市町村たばこ税、入湯税など
特　徴	・所得の大きさに関係なく、同じ 負担を負う ・税金を払っている意識が少ない

3-5 自治体の役割

● 住民は税・料を介して公共サービスを受ける

公共サービスの提供
（教育・福祉・ゴミ処理・消防など）

国、都道府県、市町村にはそれぞれ役割があります。これらの事業を行うには財源が必要です。そのため、税金や使用料、手数料などを徴収します

● 国、都道府県、市町村の役割

	公共資本	教　育	
国	高速道路 国道（指定区間） 一級河川	大学 私学助成 教科書検定	
都道府県	国道（その他） 都道府県道 一級河川（指定区間） 二級河川 港湾 公営住宅 市街地区域・調整区域決定	高等学校 特別支援学校 小中教員の給与人事 私学助成 公立大学	
市町村	都市計画等 市町村道 準用河川 港湾 公営住宅 下水道	小中学校 幼稚園	

出所：総務省ホームページに一部加筆

自治体にはそれぞれ役割があります。道路や河川、港湾、上下水道、住宅などの公共財の提供から、教育や福祉、警察、消防などの公共サービスまで広く役割があります。それらを実現するために、税金が必要です。みなさんの仕事の後ろにこれだけのサービスがあります。

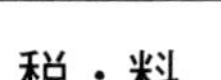

県民
市民

福　　祉	その他
社会保険	国防 外交 司法 金融
生活保護（町村の区域） 児童福祉 保健所	警察 職業訓練
生活保護（市） 児童福祉 国民健康保険 介護保険 上水道 ゴミ・し尿処理 保健所（特定の市）	戸籍 住民基本台帳 消防

3-6 地方税の法体系

● 税金の法体系と地方税の規定

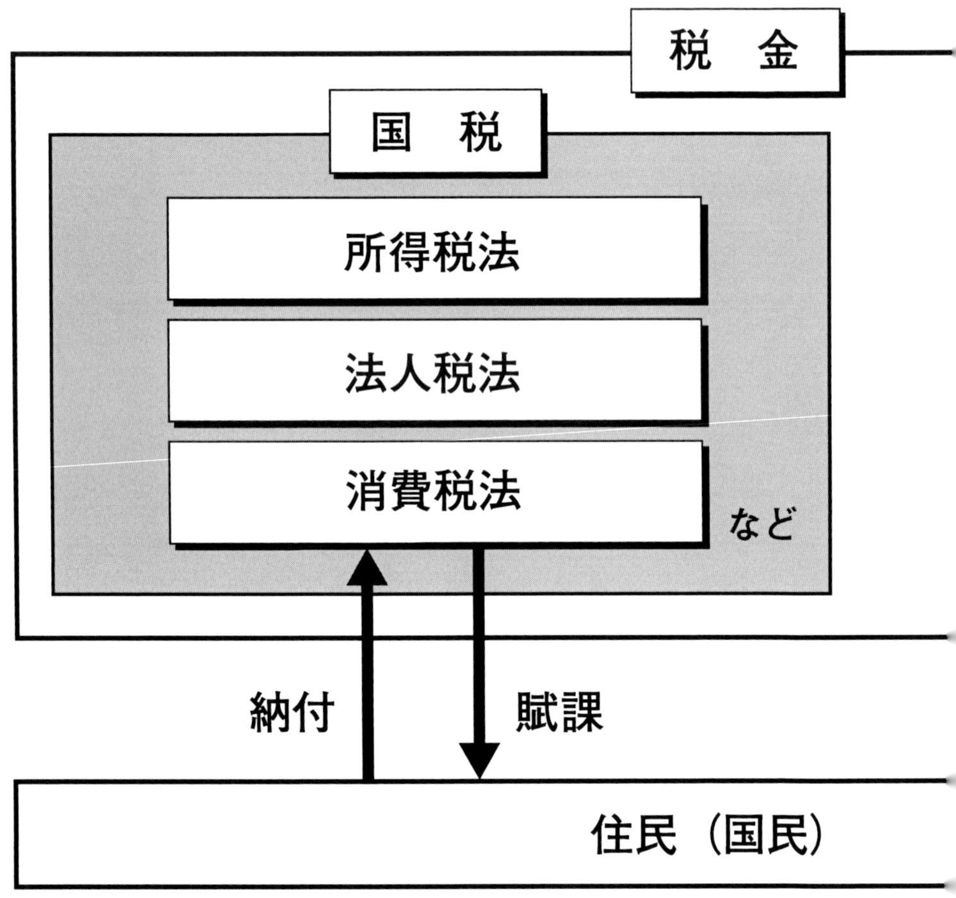

地方税の課税根拠は、地方税法と地方自治法で大枠が決まっています。それをもとに各自治体で条例が定められ、賦課徴収が行われます。国税は所得税法や法人税法、消費税法など各税目に法律がありますが、地方税は地方税法のみです。徴収に関しては国税徴収法に準拠しています。

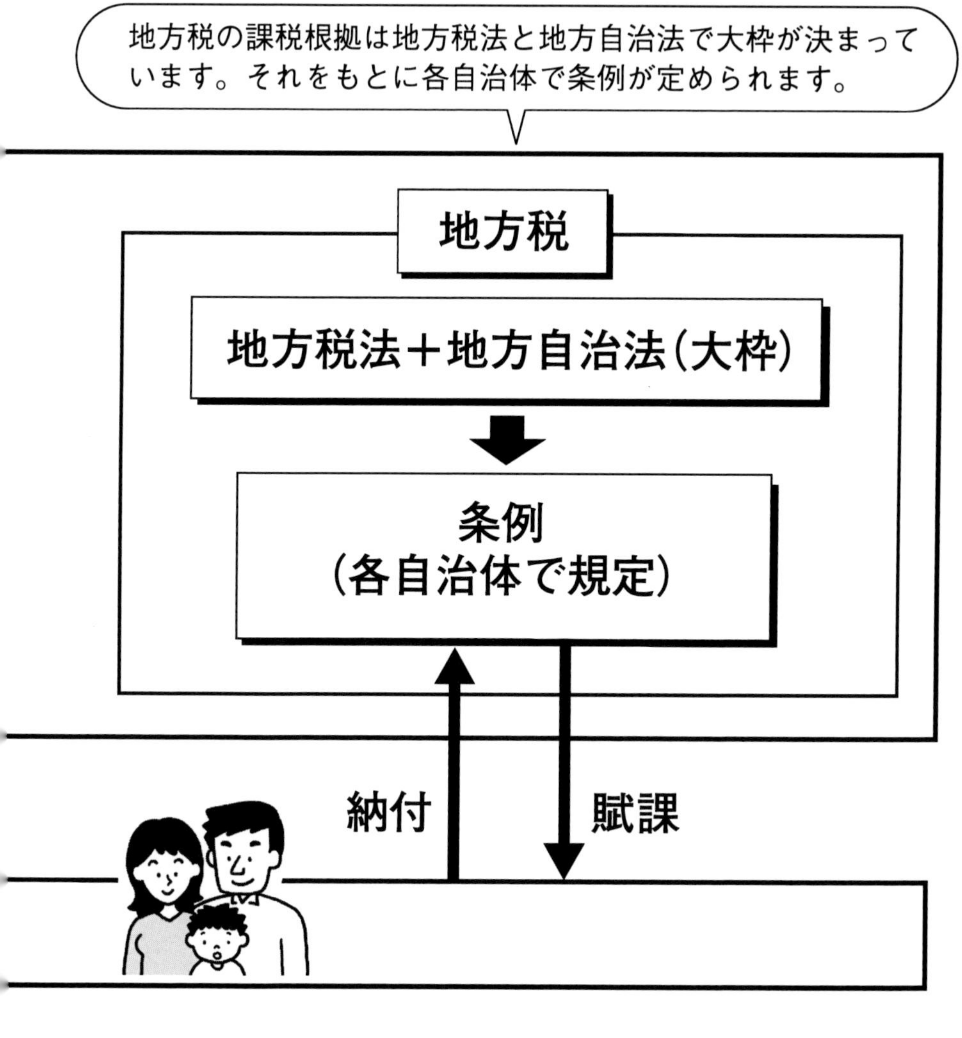

地方税の課税根拠は地方税法と地方自治法で大枠が決まっています。それをもとに各自治体で条例が定められます。

地方税

地方税法＋地方自治法（大枠）

↓

条例
（各自治体で規定）

納付

賦課

3-7 自治体の課税根拠

地方税の徴収は、以下の法律に基づき、
自治体の条例によって行使されます。

1. 日本国憲法第92条
地方公共団体の組織及び運営に関する事項は、地方自治の本旨に基いて、法律でこれを定める。

2. 地方自治法第10条第2項
住民は、法律の定めるところにより、その属する普通地方公共団体の役務の提供をひとしく受ける権利を有し、その負担を分任する義務を負う。

3. 地方自治法第223条
普通地方公共団体は、法律の定めるところにより、地方税を賦課徴収することができる。

税務職員になって、最低限知っておかなければならない課税根拠の法律は５つです。自治体の税務職員は地方自治法と地方税法の両方を把握しなければなりません。自分たちの自治体の条例も同様です。

4. 地方税法第2条

地方団体は、この法律の定めるところによつて、地方税を賦課徴収することができる。

5. 地方税法第3条

地方団体は、その地方税の税目、課税客体、課税標準、税率その他賦課徴収について定をするには、当該地方団体の**条例**によらなければならない。

2 地方団体の長は、前項の条例の実施のための手続その他その施行について必要な事項を**規則**で定めることができる。

3-8 地方税原則

● 地方行政ならではの特徴がある地方税原則

❶ 応益性	❷負担分任性	❸ 普遍性
地方公共団体の行政サービスは、住民等の利益と直接結びついたものが多いので、地方税の課税にあたっては、応益性も考慮する必要がある。	地方公共団体は地域共同体である以上、その行政サービスの費用については、住民が負担し合うということは、自治の基本として欠くことのできない考え方である。従って、広く一般住民が地方公共団体の費用を分担するような税制（メンバーシップ税制）が必要となる。	地方税制は国の税制と異なり、全国の地方公共団体の税制であるから、できるだけ全ての地方公共団体に普遍的に存在するような税源を対象として組み立てられる必要がある。

地方税は国税とは異なる特徴があります。租税原則に加えて、地方税原則を深く理解しておく必要があります。公共サービスを受けた量と質に応じた応益負担を考慮することはとても重要です。それとは対極になりますが、自治体は地域共同体なので、広く住民に負担してもらうことも重要です。もちろん普遍であり安定していることも重要です。

❹ 安定性

地方歳出は、義務的経費が多く、税収の変動に応じて自由に伸縮させることができないため、地方税は景気の変動に左右されない安定性の高い税目が望ましい。特に市町村の場合は、その財政規模が小さいものが多いので、収入の安定した種類の税金が好ましいといえる。

❺ 伸張性

社会は年々発展の過程をたどっているが、これに伴って、住民の福祉に直結している地方公共団体の仕事も、質量ともに増加していく傾向にあるので、地方税もこのように増加していく経費に対応する収入をあげる必要がある。

3-9 自治体の歳入

● 平成29年度歳入の内訳

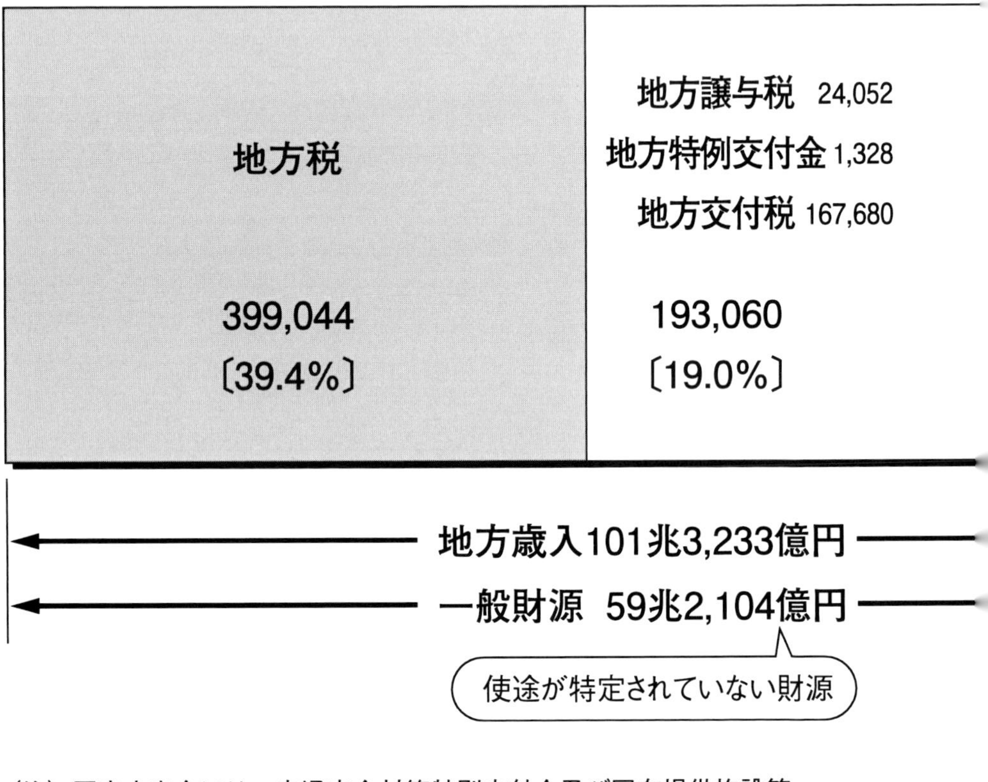

地方税	地方譲与税 24,052 地方特例交付金 1,328 地方交付税 167,680
399,044 〔39.4%〕	193,060 〔19.0%〕

地方歳入101兆3,233億円

一般財源 59兆2,104億円

使途が特定されていない財源

（注）国庫支出金には、交通安全対策特別交付金及び国有提供施設等所在市町村助成交付金を含めています。

出所：総務省資料

自治体の歳入は、地方税だけでは賄いきれず、国から地方交付税交付金や国庫支出金が配賦されています。必要に応じて、地方債を発行しています。

（単位：億円）

	国庫支出金	地方債	その他
		うち臨時財政対策債 39,883〔3.9%〕	
	155,204 〔15.3%〕	106,449 〔10.5%〕	159,476 〔15.8%〕

3-10 国と地方の税源配分

● 平成29年度における国・地方の歳入の内訳

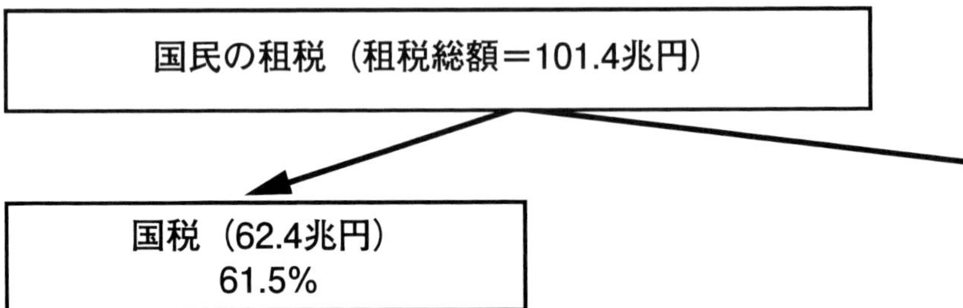

● 同年度における国・地方の歳出の内訳

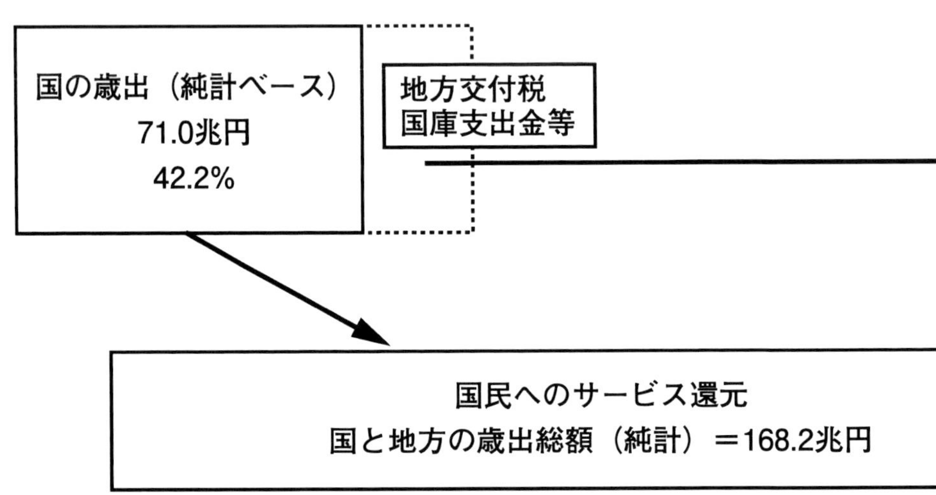

出所：総務省資料

国と地方の割合は、歳入の段階では、61.5：38.5と国の方が大きいですが、歳出の段階では、42.2：57.8と地方の方が大きくなります。それだけ地方の公共サービスの提供が大きいことを表しています。

地方税（39.1兆円）
38.5%

歳入の比率

国　：地方
61.5：38.5

地方の歳出（純計ベース）
97.3兆円
57.8%

歳出の比率

国　：地方
42.2：57.8

3-11 国税・地方税の税目・内訳

● 国税と地方税の税目一覧

	所得課税	資産課税等
国税	所得税 法人税 地方法人税 地方法人特別税 特別法人事業税 森林環境税（令和６年度～） 復興特別所得税	相続税・贈与税 登録免許税 印紙税
地方税	個人住民税 個人事業税 法人住民税 法人事業税 道府県民税利子割 道府県民税配当割 道府県民税株式等 譲渡所得割	不動産取得税 固定資産税 都市計画税 事業所税 特別土地保有税 法定外普通税 法定外目的税 水利地益税 共同施設税 宅地開発税 国民健康保険税

※特別土地保有税は平成15年度から課税停止。

出所：財務省ホームページ

税目は所得課税、資産課税、消費課税に大別でき、国税・地方税それぞれの課税が行われています。これだけたくさんの税目があります。

	消費課税	
	消費税 酒税 たばこ税 たばこ特別税 揮発油税 地方揮発油税 石油ガス税 自動車重量税	航空機燃料税 石油石炭税 電源開発促進税 関税 とん税 特別とん税 国際観光旅客税（出国税）
	地方消費税 地方たばこ税 軽油引取税 ゴルフ場利用税 入湯税 自動車税（環境性能割・種別割） 軽自動車税（環境性能割・種別割） 鉱産税 狩猟税 鉱区税	

3-12 地方税の体系

● 地方税の体系早わかり

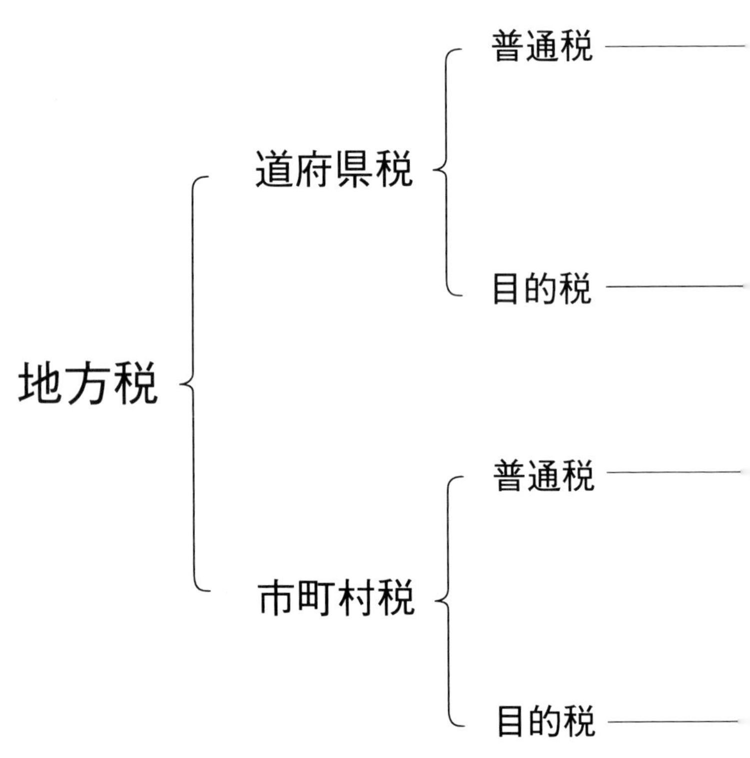

出所：総務省資料

地方税には、道府県税と市町村税があり、さらに普通税と目的税に分かれます。道府県税は普通税が11種類（2019年10月1日より自動車取得税が廃止）、目的税が3種類、市町村税は普通税が7種類、目的税が8種類あります。なお、目的税は使途が決まっています。

- 道府県民税
- 事業税
- 地方消費税
- 不動産取得税
- 道府県たばこ税
- ゴルフ場利用税
- 軽油引取税
- 自動車税
- 鉱区税
- 道府県法定外普通税
- 固定資産税（特例分）

- 狩猟税
- 水利地益税
- 道府県法定外目的税

- 市町村民税
- 固定資産税（国有資産等所在市町村交付金）
- 軽自動車税
- 市町村たばこ税
- 鉱産税
- 特別土地保有税
- 市町村法定外普通税

- 入湯税
- 事業所税
- 都市計画税
- 水利地益税
- 共同施設税
- 宅地開発税
- 国民健康保険税
- 市町村法定外目的税

●普通税とは

その収入の使途を特定せず、一般経費に充てるために課される税。普通税のうち、地方税法により税目が法定されているものを法定普通税といい、それ以外のもので地方団体が一定の手続、要件に従い課するものを法定外普通税という。

●目的税とは

特定の費用に充てるために課される税。目的税のうち、地方税法により税目が法定されているものを法定目的税といい、それ以外のもので地方団体が一定の手続、要件に従い課するものを法定外目的税という。

3-13 課税自主権による法定外税

● 法定外税の一覧

法定外普通税	都道府県	石油価格調整税	1
		核燃料税	10
		核燃料等取扱税	1
		核燃料物質等取扱税	1
		計	13
	市区町村	砂利採取税	1
		別荘等所有税	1
		歴史と文化の環境税	1
		使用済核燃料税	2
		狭小住戸集合住宅税	1
		空港連絡橋利用税	1
		計	7
法定外普通税計			20
法定外目的税	都道府県	産業廃棄物税等	27
		宿泊税	2
		乗鞍環境保全税	1
		計	30
	市区町村	遊魚税	1
		環境未来税	1
		使用済核燃料税	2
		環境協力税	4
		開発事業等緑化負担税	1
		宿泊税	3
		計	12
	法定外目的税計		42
	合　計		62

※令和元年6月1日現在。

出所：総務省ホームページより作成

各自治体の個別の事情に基づいて、条例により設ける税を「法定外税」といいます（普通税と目的税の違いは3-12を参照）。
税収規模は562億円（平成29年度決算額、地方税収の0.14%）です。

沖縄県
福井県、愛媛県、佐賀県、島根県、静岡県、鹿児島県、宮城県、新潟県、北海道、石川県
茨城県
青森県
山北町（神奈川県）
熱海市（静岡県）
太宰府市（福岡県）
薩摩川内市（鹿児島県）、伊方町（愛媛県）
豊島区（東京都）
泉佐野市
三重県、鳥取県、岡山県、広島県、青森県、岩手県、秋田県、滋賀県、奈良県、新潟県、山口県、宮城県、京都府、島根県、福岡県、佐賀県、長崎県、大分県、鹿児島県、熊本県、宮崎県、福島県、愛知県、沖縄県、北海道、山形県、愛媛県
東京都、大阪府
岐阜県
富士河口湖町（山梨県）
北九州市（福岡県）
柏崎市（新潟県）、玄海町（佐賀県）
伊是名村（沖縄県）、伊平屋村（沖縄県）、渡嘉敷村（沖縄県）、座間味村（沖縄県）
箕面市（大阪府）
京都市（京都府）、金沢市（石川県）、倶知安町（北海道／令和元年11月1日～）

3-14 三位一体改革による税源移譲

● 三位一体改革による税源移譲の概要

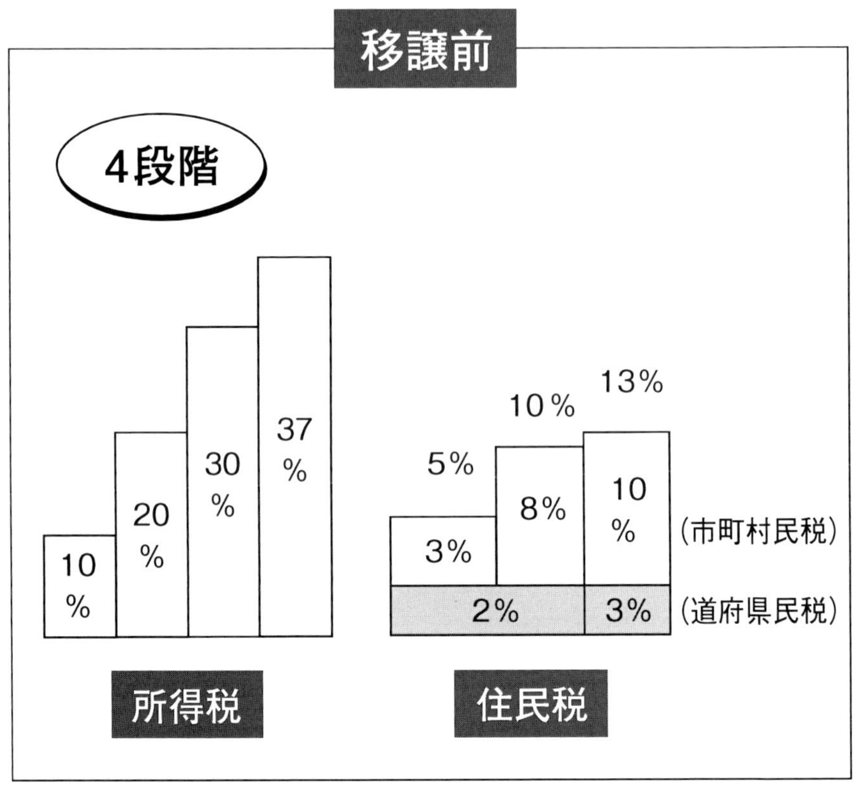

平成の時代に小泉政権時に「税源移譲」する代わりに、「国庫補助負担金の廃止・削減」と「地方交付税の見直し」を行ったのが三位一体改革です。三位一体改革によって自治体は自立が促進されたかというとそうでもなく、かえって疲弊している自治体もありました。その理由は税率構造が変わったことや、移譲された住民税を自ら徴収しなければならないことなどが挙げられます。

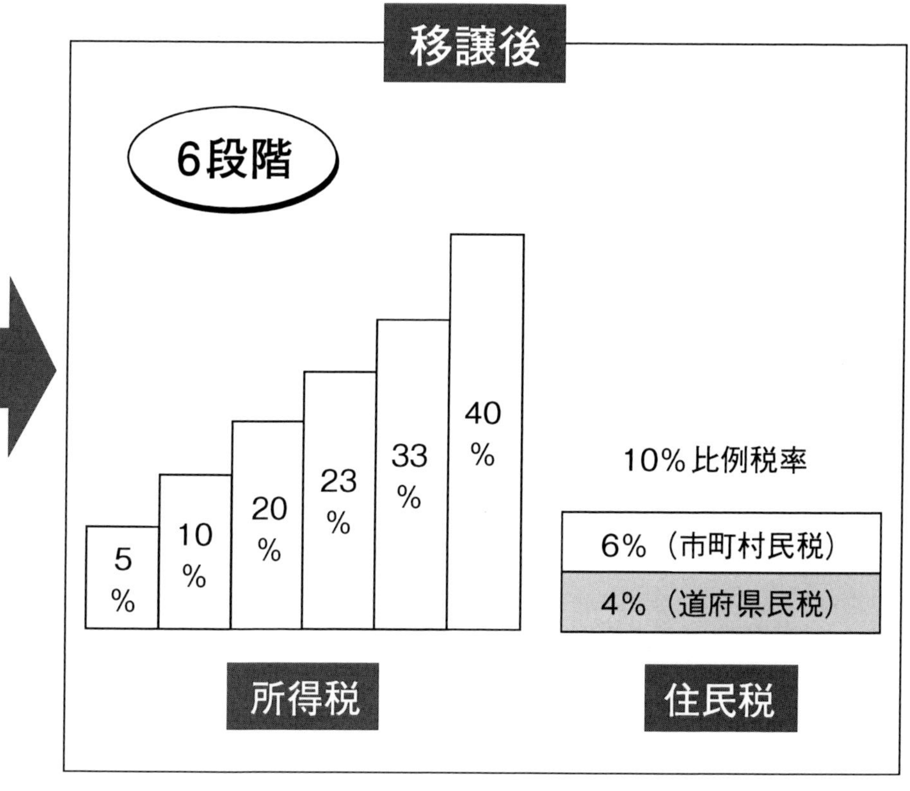

移譲後

① 国（所得税）から地方（個人住民税）へ3兆円の税源移譲（平成19年度から）
② 個人住民税の税率構造が一律10%に

出所：総務省ホームページ

3-15 地方税の税率

地方税法第１条第１項第５号（標準税率）

● 標準税率のイメージ

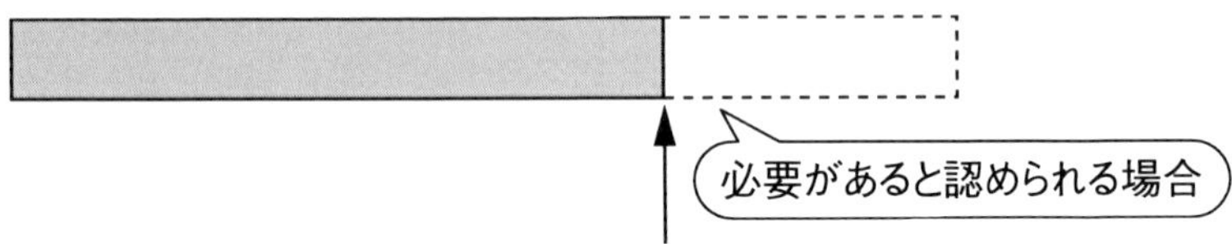

● 制限税率のイメージ

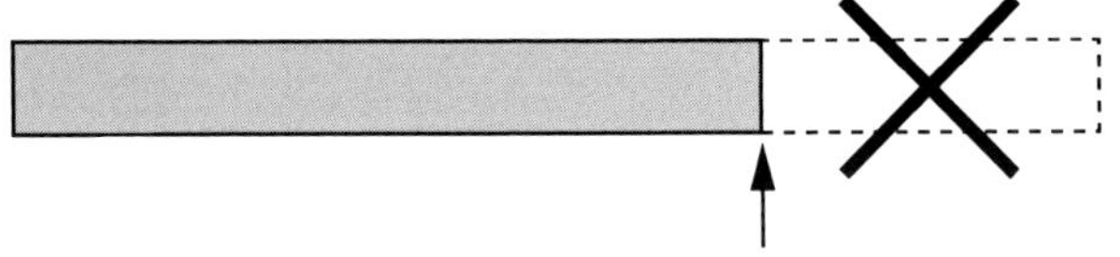

● 一定税率のイメージ

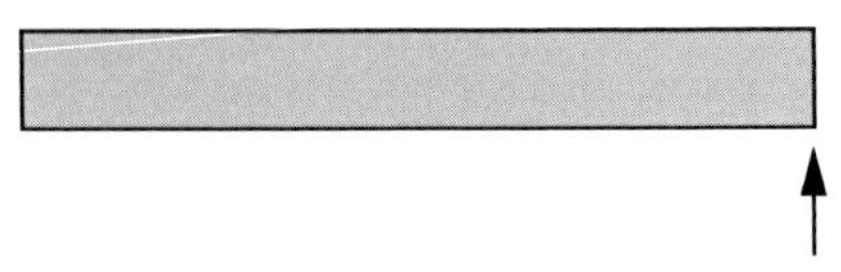

● 任意税率のイメージ

地方税の税率は、地方税法の規定にしたがって、自治体が条例で税目ごとに定めます。
地方税法では、標準税率、制限税率、一定税率、任意税率を定めています。
これらのイメージをつかんでおきましょう。

●「税率」の区別と意義

用　語	用語の意義
標準税率	地方団体が課税する場合において通常よるべき税率として地方税法に定められている税率で、その財政上その他の必要があると認める場合においては、これによることを要しない税率
制限税率	地方団体が課税する場合において超えてはならないものとして地方税法に定められている税率
一定税率	地方団体が課税する場合において地方税法に定められている税率以外の税率によることができない税率
任意税率	地方税法に税率が定められておらず、地方団体で定めることができる税率

3-16 超過課税

地方税法第１条第１項第５号（標準税率）

● 超過課税のイメージ

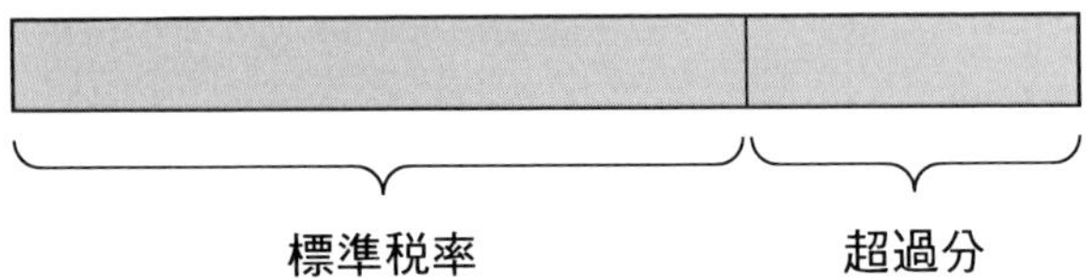

● 超過課税の規模と実施団体数

（億円）

道府県民税	個人均等割（37 団体）	243.6
	所得割（１団体）	26.5
	法人均等割（35 団体）	103.4
	法人割税（46 団体）	1,193.20
法人事業税（８団体）		1,315.90
道府県民税計		2,882.60

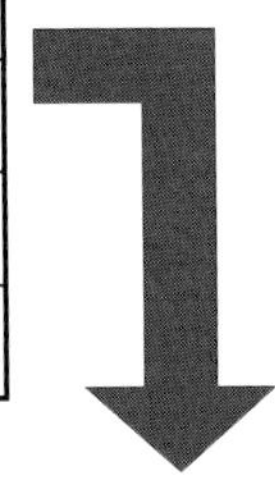

超過課税合計 6,310.2億円

ポイント 自治体の条例によって、標準税率を超える税率を定めることを超過課税といいます。学校教育施設や都市基盤施設等の設置を図る場合に、この超過課税を適用することがあります。平成31年3月公布の「森林環境税及び森林環境譲与税に関する法律」により森林環境税が創設されました。この森林環境税は県市町村民税として課されますが、これも超過課税のひとつです。

● 地方税における森林環境税は超過課税

市町村民税均等割	1,000 円/ 年
道府県民税均等割	3,000 円/ 年

（億円/鉱産税、入湯税を除く）

市町村民税	個人均等割（1 団体）	16.9
	所得割（1 団体）	0.5
	法人均等割（388 団体）	163.9
	法人税割（998 団体）	2,886.00
固定資産税（153 団体）		355
軽自動車税（15 団体）		4.9
鉱産税（31 団体）		9 百万
入湯税（4 団体）		34百
市町村税計		3,427.60

●道府県民税均等割実施の団体

岩手県、宮城県、秋田県、山形県、福島県、茨城県、栃木県、群馬県、神奈川県、富山県、石川県、山梨県、長野県、岐阜県、静岡県、愛知県、三重県、滋賀県、京都府、大阪府、兵庫県、奈良県、和歌山県、鳥取県、島根県、岡山県、広島県、山口県、愛媛県、高知県、福岡県、佐賀県、長崎県、熊本県、大分県、宮崎県、鹿児島県

●先行実施している森林環境税の実施団体

上記団体に加え、個人均等割を実施している横浜市（計38団体）が該当します。

●森林環境税とは

パリ協定の枠組みの下における我が国の温室効果ガス排出削減目標の達成や災害防止等に欠かせない森林整備等に必要な地方財源を安定的に確保するために、国民が等しく負担を分かち合い森林を支えるしくみとして森林環境税が創設されました。そのしくみは個人住民税の均等割の納税者から、国税として1人年額1,000円を上乗せして市町村が徴収することになります。その税収は、市町村から国の交付税及び譲与税特別会計に入ります。令和6年から課税される予定です。

3-17 地方税収の推移

● 平成10年以降の地方税収の推移

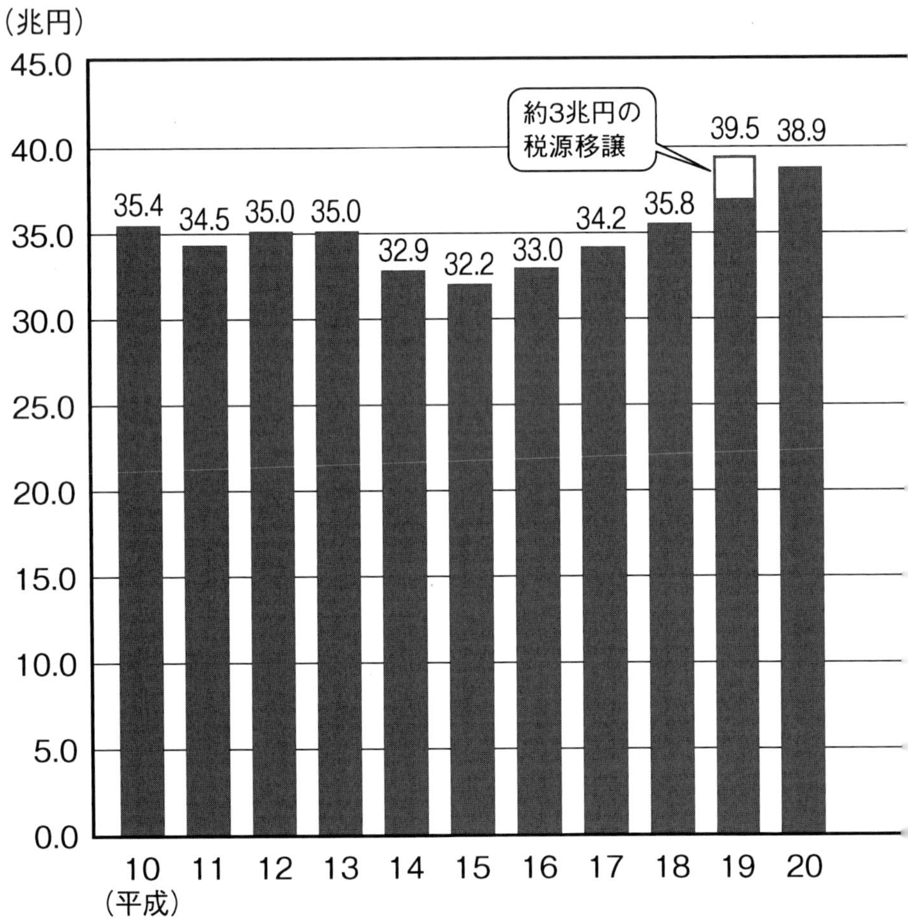

出所：総務省ホームページ

地方税の税収規模は毎年30兆円台を推移しており、一般的に安定しているといわれています。
三位一体改革により3兆円の税源移譲が実施された平成19年度をピークに右肩下がりになり、再び平成21年から右肩上がりの状況を維持しています。

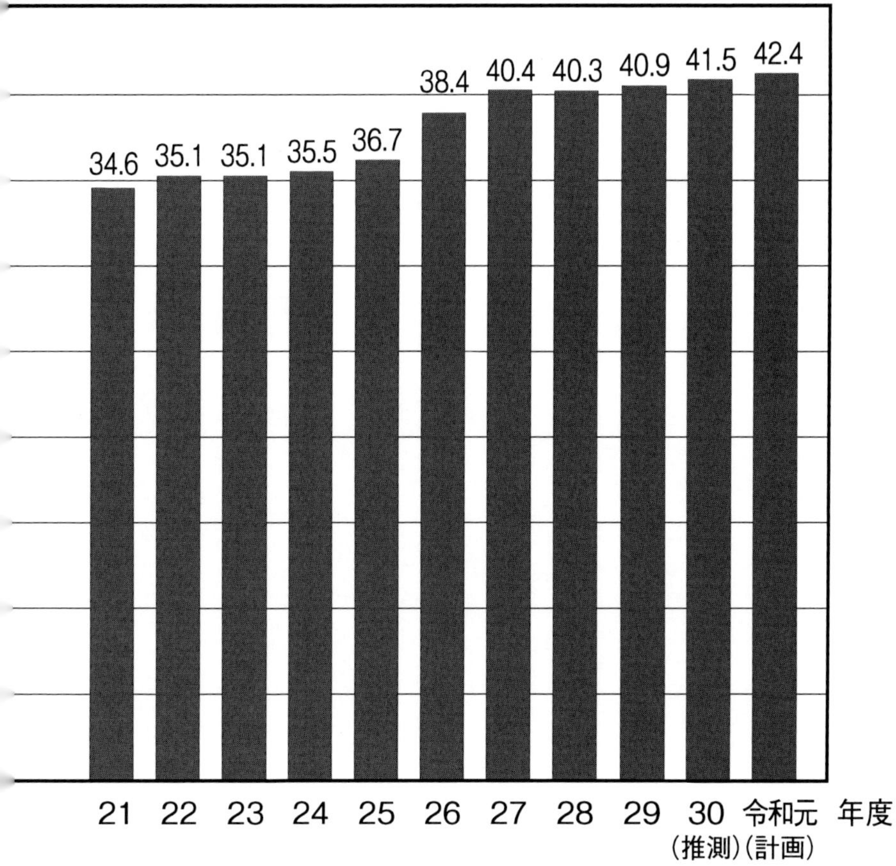

年度	21	22	23	24	25	26	27	28	29	30（推測）	令和元（計画）
	34.6	35.1	35.1	35.5	36.7	38.4	40.4	40.3	40.9	41.5	42.4

3-18 地方税の滞納状況

● 地方税の滞納残高（累積）の推移

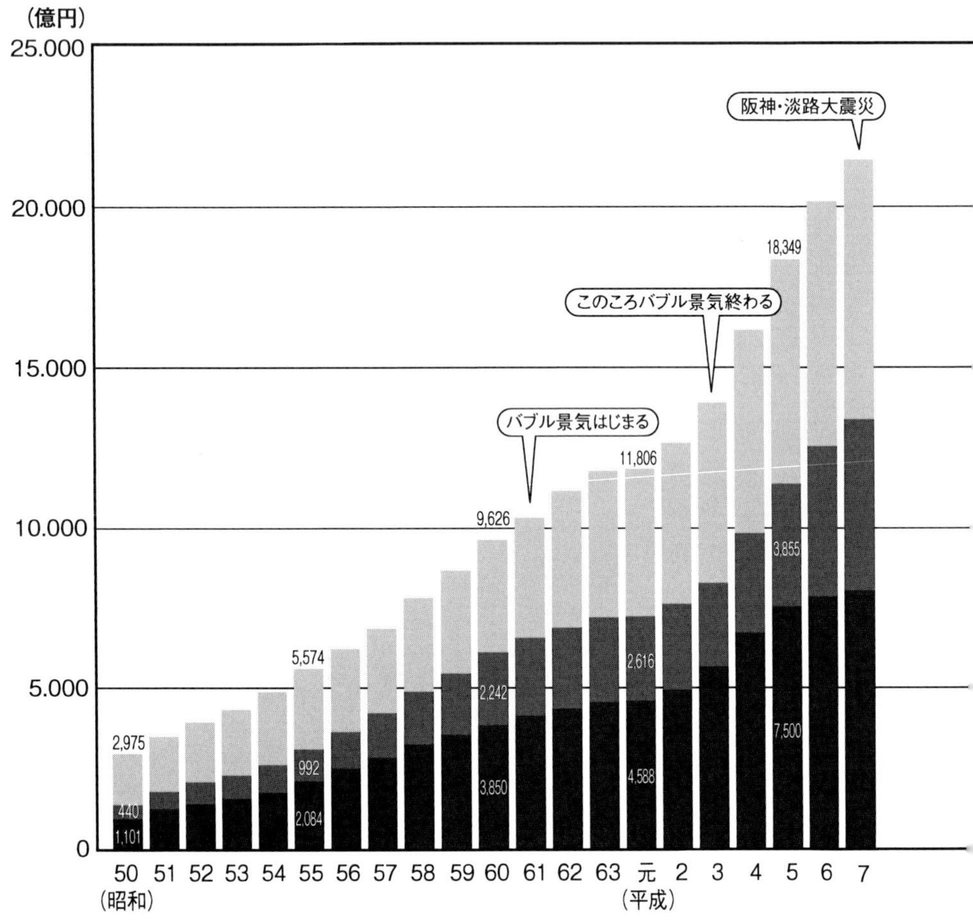

（注）1 各年度末における調定済額から収入済額を控除した、現年分及び滞納繰越分に係る滞納額の合計である。
2 執行停止中及び督促前の滞納額を含み、延滞金及び加算金を含まない。

21世紀が始まった頃と比べると最近とみに滞納額が減少しています。それでもまだ9,000億円あります。
滞納の内訳をみると、近年は個人住民税と固定資産税のウェイトが高くなっています。個人住民税が滞納されるということは、滞納者は同時に国民保険料（税）や介護保険料、保育料なども滞納している可能性があります。

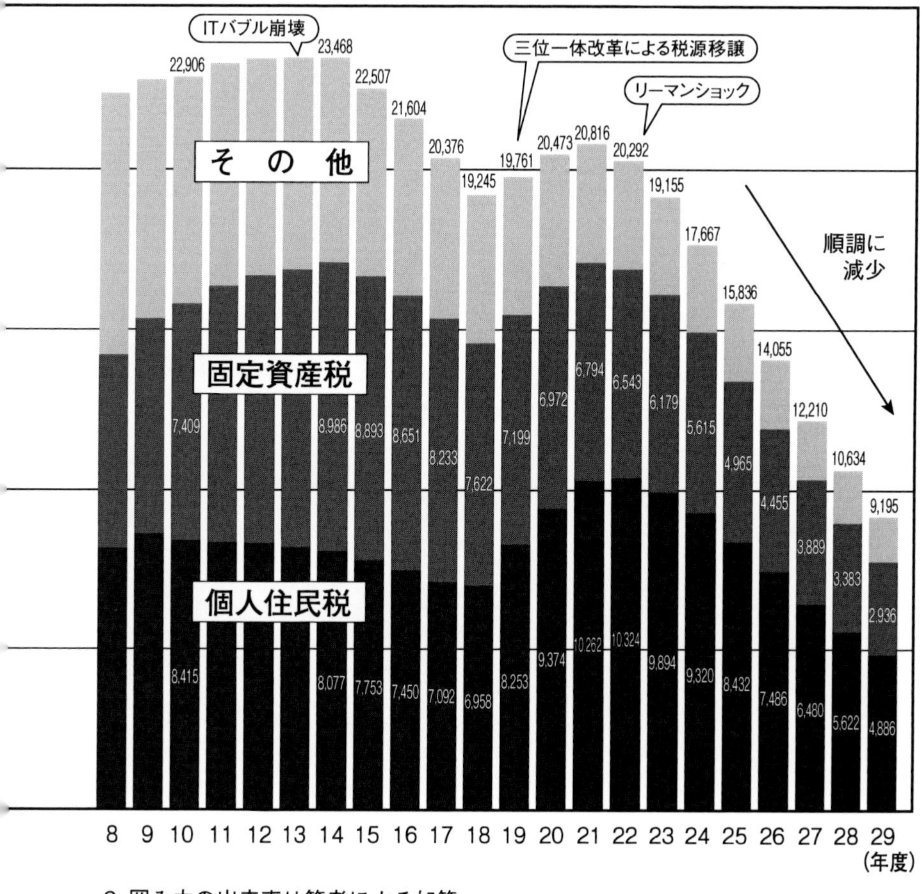

ITバブル崩壊
三位一体改革による税源移譲
リーマンショック
順調に減少

その他
固定資産税
個人住民税

22,906　23,468　22,507　21,604　20,376　19,245　19,761　20,473　20,816　20,292　19,155　17,667　15,836　14,055　12,210　10,634　9,195

7,409　8,986　8,893　8,651　8,233　7,622　7,199　6,972　6,794　6,543　6,179　5,615　4,965　4,455　3,889　3,383　2,936

8,415　8,077　7,753　7,450　7,092　6,958　8,253　9,374　10,262　10,324　9,894　9,320　8,432　7,486　6,480　5,622　4,886

8　9　10　11　12　13　14　15　16　17　18　19　20　21　22　23　24　25　26　27　28　29
（年度）

3 囲み中の出来事は筆者による加筆
出所：総務省ホームページ

3-19 地方税の徴収率

● 平成14年以降の地方税の徴収率の推移

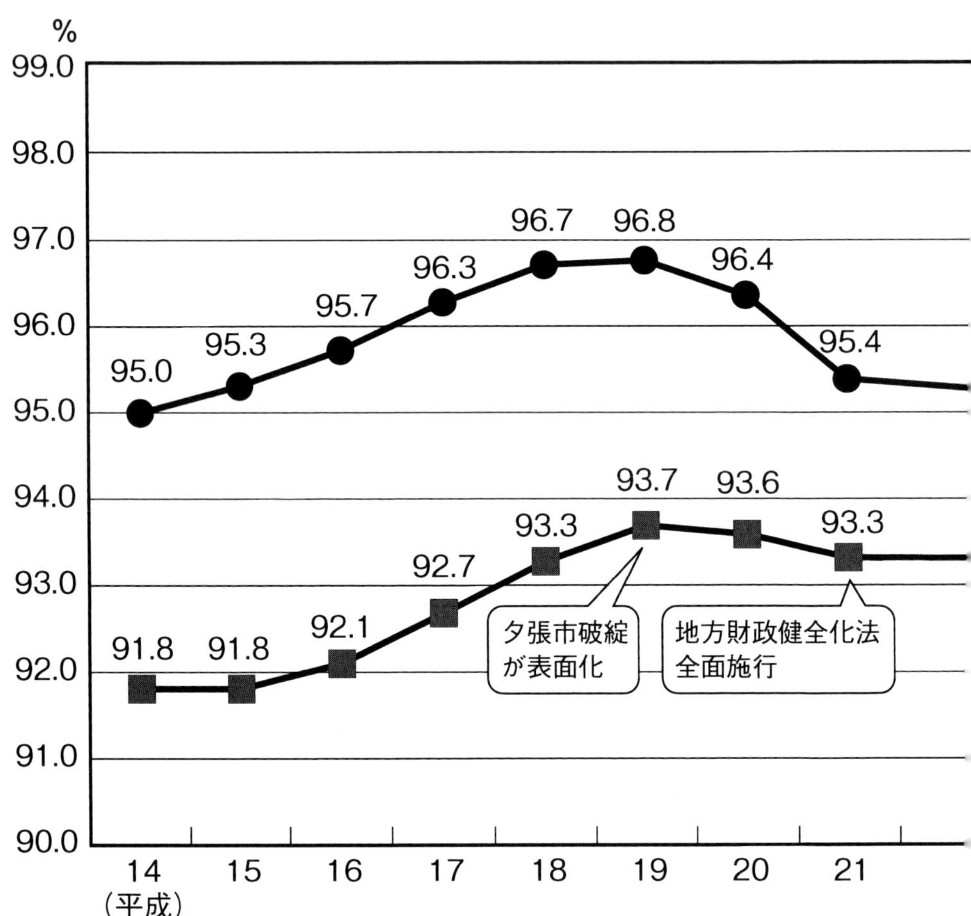

(注) 現年＋繰越を表している。囲み中の出来事は筆者による加筆
出所：地方財政白書平成31年版より作成。

道府県税の徴収率は平成１４年度から１３年間は９５～９６%台で、平成２７年度からは９７%を超えています。市町村税は平成２３年度までは９２～９３%台でしたが、平成２４年度から上昇を続け、平成２９年度には９７%となりました。また、繰越の徴収率は２０%程度です。

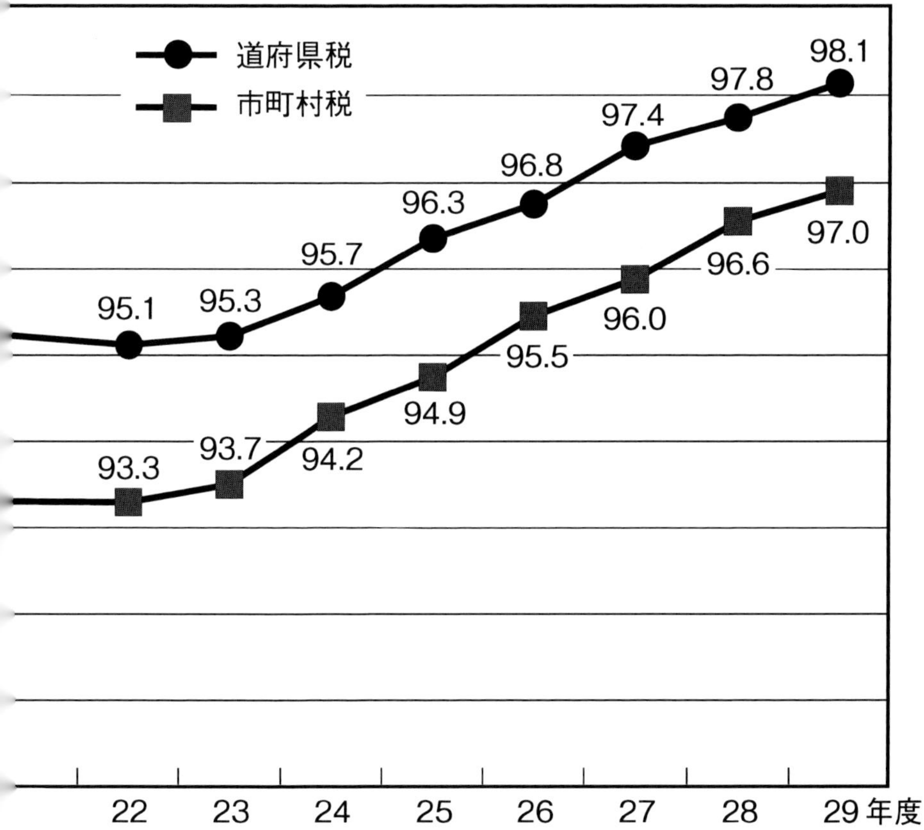

道府県税
市町村税

98.1
97.8
97.4
96.8
96.3
95.7
95.1
95.3
97.0
96.6
96.0
95.5
94.9
93.7
94.2
93.3

22 23 24 25 26 27 28 29年度

3-20 非課税・減免

	根拠	
非課税	地方税法第24条の５、第295条、第348条ほか	
不均一課税	地方税法第６条、第７条 課税しないことで公益が増進する場合	
課税免除	自治体ごとの条例による一定要件をふまえた場合に該当	
各税目の減免	地方税法第323条ほか	

納税義務者の担税力や個人の事情に着目して、自治体は一度発生した納税義務を放棄消滅させることができる。

自治体は地方税法の規定により課税しないこともあります。非課税、課税免除、不均一課税、減免が該当します。それぞれ意味合いが違うので、よく整理しておく必要があります。

例
・生活保護法により生活扶助を受けている住民への非課税（住民税） ・障害者、未成年者、寡婦（夫）に該当し、前年の合計所得金額が125万円以下の住民（住民税）※
・半島振興対策実施地域における不均一課税（固定資産税） ・原子力発電施設等立地地域における不均一課税（固定資産税） ・振興拠点重点整備地区における不均一課税（固定資産税、事業税）
・各種振興対策実施地域における課税免除（事業税、固定資産税、不動産取得税等） ・観光地形成促進地域における課税免除（固定資産税） ・新築住宅に対する課税免除制度（固定資産税）
・災害被害者に対する減免措置（住民税、固定資産税等） ・生活保護法の規定により扶助を受ける住民への減免措置（住民税、個人事業税、固定資産税、都市計画税等） ・障害者に対する減免措置（自動車税・軽自動車税）

※令和３年１月１日より、障害者、未成年者、寡婦、寡夫又は単身児童扶養者に該当し、前年の合計所得金額が135万円以下の住民（住民税）

3-21 非課税所得

● 代表的な非課税所得

（1） 傷病者や遺族などの受け取る恩給、
年金（遺族年金）や障害者年金など

（2） 給与所得者の出張旅費、通勤手当
（通勤手当は最高月額15万円まで）

（3） 損害保険金、損害賠償金、慰謝料など

課税されません

課税されない所得を非課税所得といいます。非課税になる所得は、年金や恩給、損害保険金、損害賠償金、慰謝料、雇用保険の失業給付など福祉的な意味合いで非課税にしているケースが多いですが、給与所得者の通勤手当や出張旅費など、経費的なものも非課税です。

（4）雇用保険の失業給付

（5）障害者等の預貯金及び合同運用信託、特定公募公社債等運用投資信託、有価証券（それぞれ元本350万円以下）の利子

（6）生活保護のための給付

3-22 納税通知書と納付書

地方税法第13条等

● 納税通知書の例

○○年度　　市民税・県民税納税通知書

納税義務者住所・氏名

期　別	普通徴収合計額	第1期	第2期	
納期限	円	円	円	
税　額	円	円	円	
既納付・充当額	円	円	円	
納付額	円	円	円	

合計年税額　A	円
給与からの特別徴収額　B	円
公的年金からの特別徴収額　C	円
普通徴収額　A−B−C	円

・納税通知書には、納税者が納付すべき地方税について、
①賦課の根拠となった法律及び条例の規定、
②納税者の住所及び氏名、③課税標準額、
④税率、⑤税額、⑥納期、
⑦各納期における納付額、⑧納付の場所、⑨納期限までに税金を納付しなかった場合において執られるべき措置、
⑩賦課に不服がある場合における救済の方法を記載します（地方税法第1条第1項第6号）。

納税通知書を納税者または特別徴収義務者に交付することで、地方税の徴収が始まりますが、そのときに送る書類には、納税通知書と納付書があります。納付書は税金を納めるための用紙であり、この納付書を使用して、金融機関で納付します。

通知書番号

第３期	第４期
円	円
円	円
円	円
円	円

●地方税上の規定

納税通知書は「納付又は納入の告知」を行うための文書（地方税法第13条）です。

納税通知書は遅くとも納期限前10日までに納税者に交付しなければなりません（地方税法第319条の2第3項）。

3-23 市税に関する証明

地方税法第20条の10等

● 証明の種類と用途・内容

種　類	主な用途	
(非)課税証明・所得証明	年金手続き、扶養認定、児童手当、公営住宅申込、融資など	
納税証明	融資、入札参加など	
評価証明	売買、登録免許税算出、融資など	
公租公課証明	確定申告、競売申立、売買時の精算など	
営業証明	法人名義の普通自動車の登録	
住宅用家屋証明	登録免許税の軽減	

市税に関する証明は、目的に応じて、必要な内容が違うために、多くの種類があります。証明書の名称は、自治体によって異なり、様式も自治体によって異なります。
この業務は窓口業務でも重要な業務であり、最近では、自動交付機が普及したこともあり、かつてのように市民を待たせることも減ってきました。

証明の内容
住民税額、課税所得額の証明。非課税であることの証明も含む
納めた市税の額の証明。滞納していないことの証明を含む
軽自動車、自動二輪車（250CC 超）の車検用の証明
固定資産税の評価額などに関する証明
固定資産税の評価額、算出税額などに関する証明
市内の法人事業所等の所在地証明
新築・購入住宅が個人の居住用の自宅であることの証明

●地方税法上の根拠

市税に関する証明については、地方税法第20条の10（納税証明書の交付）と地方税法施行令第6条の21で定められています。

施行令の中には、評価証明や滞納処分を受けたことのない証明、未納のない証明についても例として書かれています。

●地方税法第20条の10
（納税証明書の交付）

地方団体の長は、地方団体の徴収金と競合する債権に係る担保権の設定その他の目的で、地方団体の徴収金の納付又は納入すべき額その他地方団体の徴収金に関する事項（この法律又はこれに基づく政令の規定により地方団体の徴収金に関して地方団体が備えなければならない帳簿に登録された事項を含む。）のうち政令で定めるものについての証明書の交付を請求する者があるときは、その者に関するものに限り、これを交付しなければならない。

●地方税法施行令第６条の21（抄）
（納税証明事項）

法第20条の10に規定する政令で定める事項は、次に掲げるものとする。

一　請求に係る地方団体の徴収金の納付し、又は納入すべき額として確定した額並びにその納付し、又は納入した額及び未納の額（これらの額のないことを含む。）

四　固定資産課税台帳に登録された事項

五　地方団体の徴収金につき滞納処分を受けたことがないこと。

3-24 窓口での確認

● 委任状の例

委　任　状

代理人住 所　○○市○○町○丁目○○番○○号
氏 名 ○○ ○○

私は、上記の者を代理人として、以下の証明書の
交付請求および受領に関する一切の権限を委任します。

1．××証明書　(○通)
1．○○証明書　(×通)

令和××年××月××日

委任者住 所　○○市○○町○丁目○○番
氏 名 △△ △△　　　　　　　　　　印
連絡先電話番号

証明書の交付には、本人確認と委任状が重要です。
本人確認ができる書類とは、運転免許証、パスポート、住民基本台帳カードなど顔写真付きのものや、国民年金手帳や各種健康保険証などを指します。

● 申請者別持参証明書の種類

窓口に来られる方（申請者）	窓口で確認するもの	窓口にお持ちいただくもの
本　人	本人確認できる書類	申請書
代理人	代理の方の本人確認できる書類	申請書・委任状（本人捺印）
法　人	窓口に来られた方の本人確認できる書類	申請書・委任状（代表者印押印）

3-25 納税証明書

● 納税証明書の例

納税証明書

納税義務者等	住　所（所在地）	
	氏　　名（名称） （名　　義　　人）	

課　　税　　年　　度	年　度
年　　　税　　　額	円
納　　付　　済　　額	円
未　　　納　　　額	円
納　期　未　到　来　額	円
備　　　　　　考	

上記のとおり証明します。

年　　月　　日

○○市長　　　　印

納税証明書とは、課税につき、未納・滞納がないことや滞納処分を受けたことがないことを証明する書類です。税目ごとに記載内容は異なります。

● 種類と目的・内容

税　目	目　的	内　容
個人市県民税	融資の申込み、保証人の申請、契約指名参加登録など	納税者の住所、氏名、年税額、納付済額、納期未到来額、特別徴収、普通徴収の別
固定資産税・都市計画税		納税者の住所、氏名、年税額、納付済額、納期未到来額
法人市民税		納税者の住所、名称、年税額、納付済額、納期期間、事業年度
軽自動車税		納税者の住所、氏名、年税額、納付済額、車両番号
軽自動車税（車検用）	車　検	納税者の住所、氏名、車両番号、納税年月日、有効期限

3-26 (非)課税証明・所得証明

● 課税証明の例

市・県民税課税証明書

納税義務者　住所・氏名

年度 令和○年度	市民税所得割額　円	市民税均等割額　円	
	県民税所得割額　円	県民税均等割額　円	
その他の事項			

上の通り証明します
令和　年　月　日　　　　○○市長　印

● 種類と目的・内容

種　類	目　的	
所得証明書	扶養になるために会社に提出、融資、児童手当・児童扶養手当の請求、年金の請求、奨学金の申請など	
課税証明書		
非課税証明書		

※ 記載書略のない課税証明書、税額決定通知書と同一の課税証明書という場合もあります。

課税証明とは、各年の１月１日から12月31日までの１年間の所得に対する住民税額を証明するものです。
非課税証明は住民税が課税されていないことを証明する書類のことです。

年税額
円

主　な　内　容
所得額、所得の内訳
所得額、所得の内訳、課税標準額、年税額、市民税・県民税の税額の内訳、所得控除の内訳、人的控除等の内訳
市民税・県民税が課税されていないこと

3-27 評価証明

● 土地評価証明書の例

所在番地		地積		現況地目
○○番地		m²		宅地
評価額 円	価格登録年月日 令和●年3月31日	固定資産税課税標準額 円		
基準年度の 価格又は比準価格 円		基準年度 令和●年度	固定資産税本則課税標準額 円	

● 証明書の種類と目的・内容

種　類	目　的
土地評価証明書	不動産の登記、競売の申し立て、融資の申込など
家屋評価証明書	
土地公課証明書	競売の申し立て、不動産の売買の際の税額の算定など
家屋公課証明書	
資産証明書	土地・家屋の所有状況等の確認

「評価証明」は固定資産税の評価額などに関する証明のことです。固定資産評価証明、固定資産関係証明、固定資産物件証明などがあります。

	登記簿地目
	宅地
都市計画税 課税標準額 円	権利異動年月日 事　由 令和　年　月　日 売　買
都市計画税 本則課税標準額 円	

●固定資産課税台帳等の備付け（地方税法第380条第1項）

市町村は、固定資産の状況及び固定資産税の課税標準である固定資産の価格を明らかにするため、固定資産課税台帳を備えなければならない。

内　　容
所有者の住所、氏名、土地の所在、土地の評価額、登記地目、登記地積、課税地目、課税地積
所有者の住所、氏名、家屋の所在、家屋の評価額、棟番号、家屋番号、種類、構造、課税床面積
所有者の住所、氏名、土地の所在、課税標準額、軽減・減免税額、農地徴収猶予税額、年税額
所有者の住所、氏名、家屋の所在、種類、構造、家屋番号、課税床面積、課税標準額、軽減・減免税額、年税額
所有者の住所、氏名、土地の所在、土地、家屋、償却資産それぞれの合計額の地積、床面積、評価額

3-28 納税管理人制度

地方税法第300条、第355条

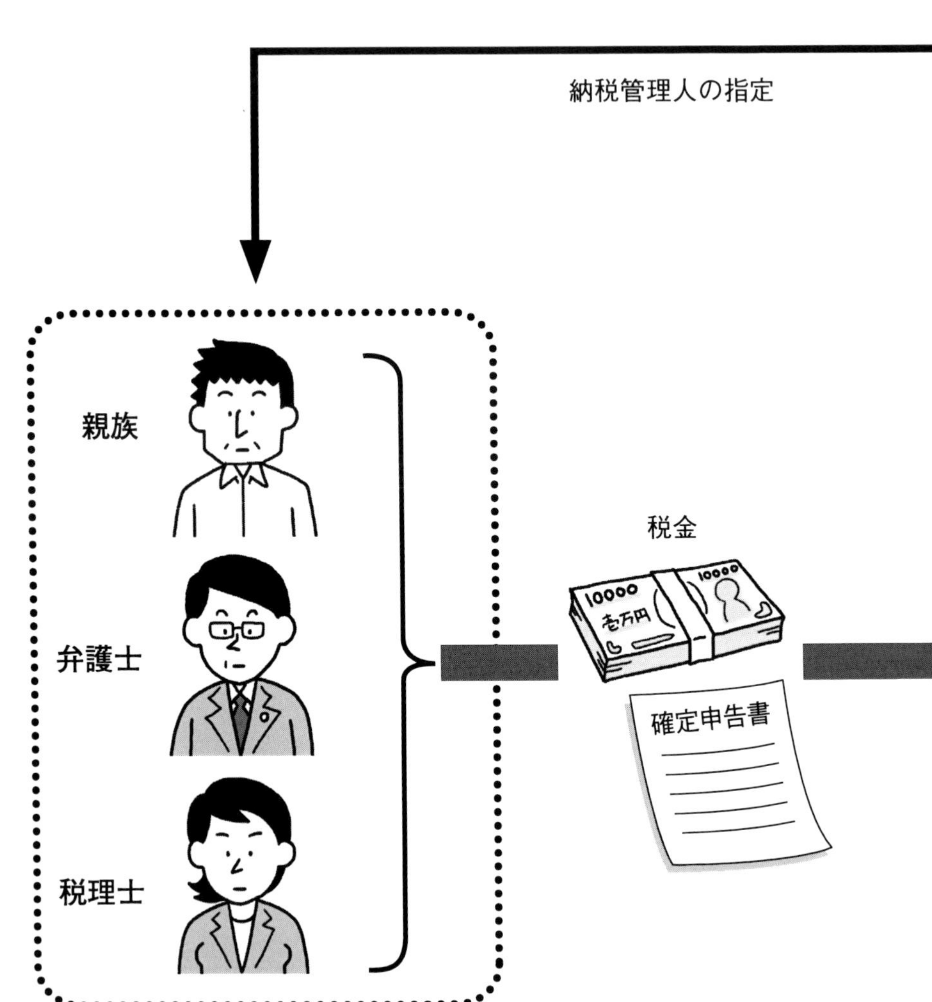

市町村外への転勤や海外に移住するなど、市町村外に居住する日本人住民（非居住者や帰国する外国人）が、納税にかかる事務の代理人として定める人を納税管理人といいます。まず、納税管理人申告書を提出してもらう必要があります。そして、納税管理人は、非居住者に代わって、納税や確定申告書の提出をおこないます。

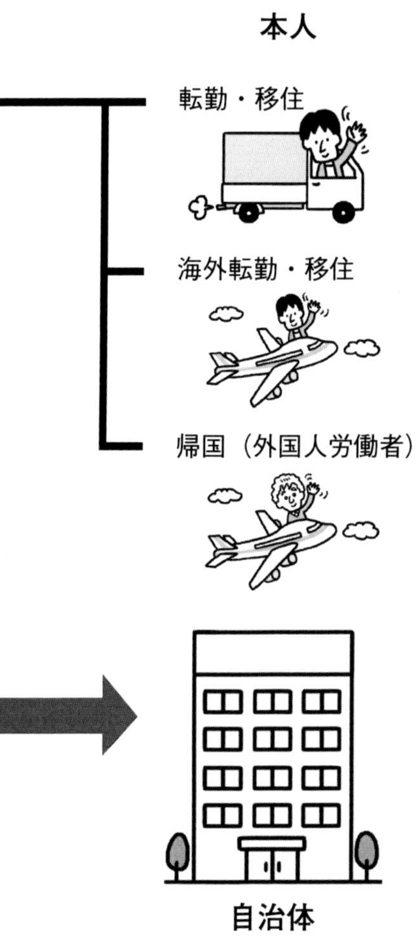

●地方税法の根拠

地方税における納税管理人制度は、市県民税（地方税法第300条・市町村民税の納税管理人）、固定資産税（地方税法第355条・固定資産税の納税管理人）が該当します。

●納税義務

納税管理人が指定されても、納税管理人に納税義務が移行されるわけではありません。

●納税管理人の例

日本人の場合、通常は家族や親族が行いますが、弁護士や税理士でもかまいません。外国人労働者の場合は、勤めていた企業の雇用主が納税管理人になったり、不動産の場合は購入した不動産仲介業者が、納税管理人になるケースが多いです。

3-29 連帯納税義務

地方税法第10条、第10条の2

● 夫婦の場合

たとえば、夫婦名義の土地を持っている場合の固定資産税は夫婦に連帯納税義務があります。

● 法人の場合

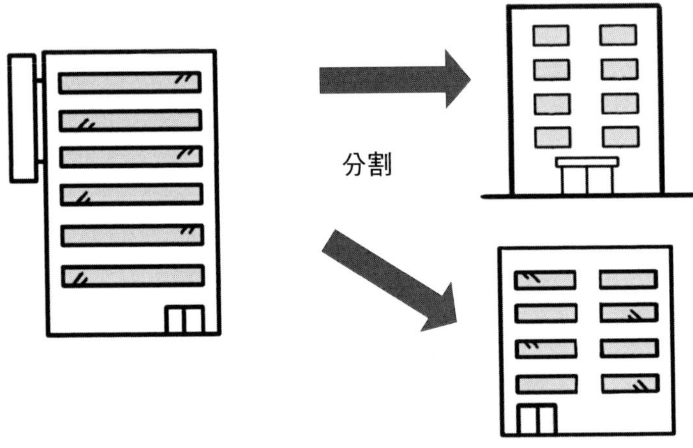

共有者、共同事業者等は、共有物、共同事業等に係る自治体の徴収金について、それぞれ連帯納付義務又は連帯納入義務を負うものであることと定められています。この場合において、民法（明治29年法律第89号）に定められている連帯債務に関する規定が準用されます。

●連帯納税義務（地方税法第10条改正）令和２年４月から施行

地方団体の徴収金を連帯して納付し、又は納入する義務については、民法第436条、第437条及び第441条～第445条までの規定を準用する。

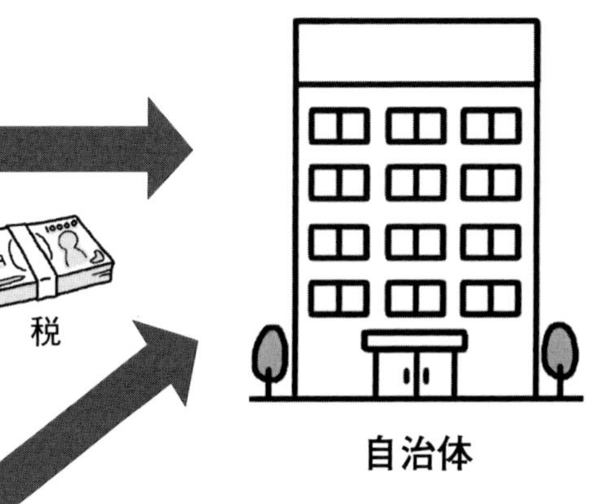

法人が分割（分社型分割を除く）をした場合には、分割により営業を承継した法人が、当該分割をした法人から承継した財産の価額を限度として、分割をした法人の地方税について連帯して納付し、又は納入する責任を負うものであることと定められています（地方税法第10条の４）。

3-30 第二次納税義務

地方税法第１１条、第１１条の２～９

● 納税義務は本人以外にも及ぶ

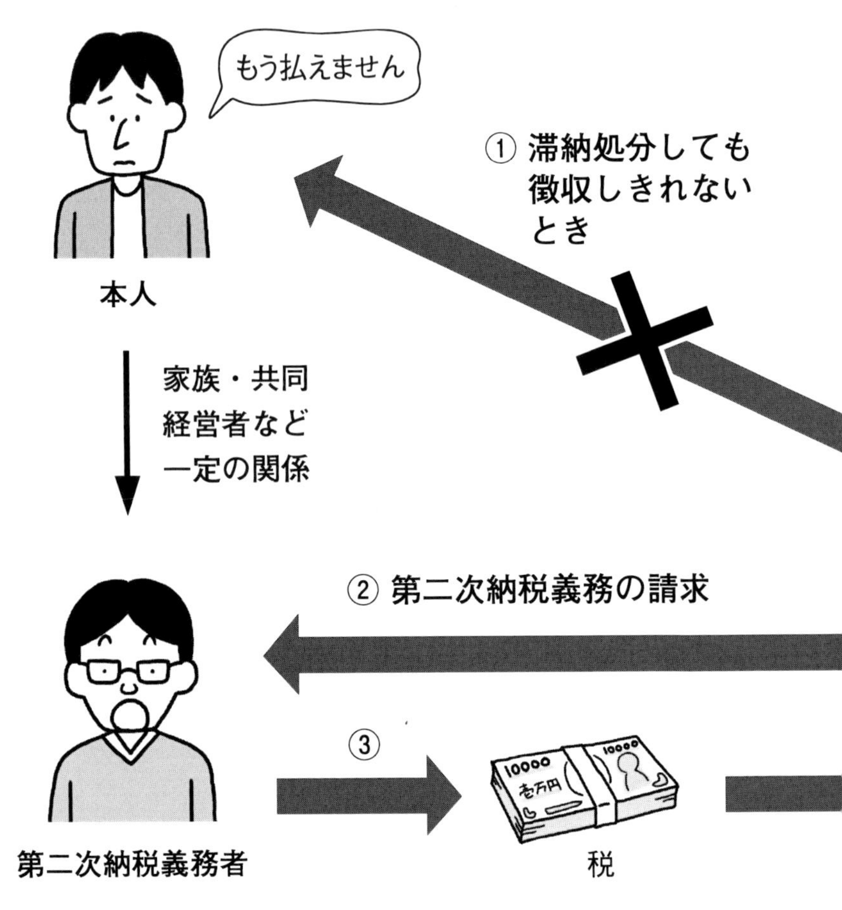

納税義務者が租税を滞納した場合、その財産について滞納処分を執行しても、なお徴収すべき額に不足すると認められるときに、納税義務者と一定の関係を有する者が納税義務者に代わって租税を納付する義務を第二次納税義務、その者を第二次納税義務者といいます。徴税が不可能な場合に、滞納者から経済的利益を受ける者にも納税義務を負わせることになっています。

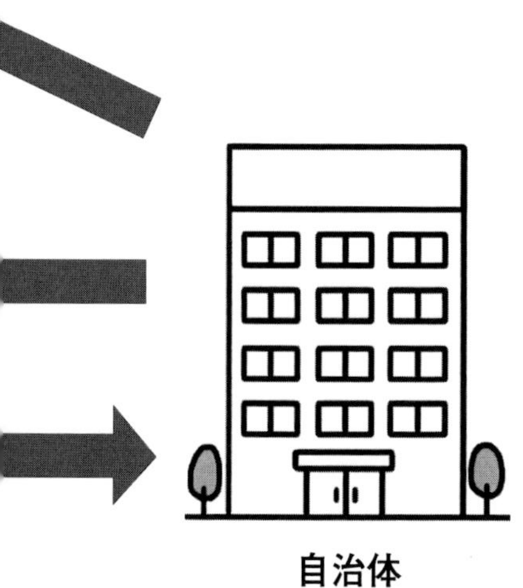

●地方税法上の規定

具体的には、清算人等の第二次納税義務、同族会社の第二次納税義務、実質課税額等の第二次納税義務、共同的な事業者の第二次納税義務、事業を譲り受けた特殊関係者の第二次納税義務、無償又は著しい低額の譲受人等の第二次納税義務等があります(地方税法第11条、第11条の2～9)。

●地方税法第11条

(第二次納税義務の通則)

地方団体の長は、納税者又は特別徴収義務者の地方団体の徴収金を（略）第二次納税義務を有する者（以下「第二次納税義務者」という。）から徴収しようとするときは、その者に対し、納付又は納入すべき金額、納付又は納入の期限及び納付又は納入の場所その他必要な事項を記載した納付又は納入の通知書により告知しなければならない。

2　第二次納税義務者が地方団体の徴収金を前項の納付又は納入の期限までに完納しないときは、地方団体の長は、（略）繰上徴収をする場合を除き、その期限後20日以内に納付又は納入の催告書を発して督促しなければならない。

3　第二次納税義務者の財産の換価は、その財産の価額が著しく減少するおそれがあるときを除き、第1項の納税者又は特別徴収義務者の財産を換価に付した後でなければ、することができない。

4　第二次納税義務者が第1項の告知、第2項の督促又はこれらに係る地方団体の徴収金に関する滞納処分につき出訴したときは、その訴の係属する間は、その財産の換価をすることができない。

3-31 一部事務組合・広域連合

一部事務組合根拠法：地方自治法第284条～第291条
広域連合：地方自治法第291条の2～13

●共同徴収を行っている一部事務組合・広域連合

	都道府県	団体名
1	北海道	渡島・檜山地方税滞納整理機構
2	北海道	後志広域連合
3	北海道	日高管内地方税滞納整理機構
4	北海道	十勝市町村税滞納整理機構
5	北海道	釧路・根室広域地方滞納整理機構
6	北海道	上川広域滞納整理機構
7	青森県	青森県市町村総合事務組合
8	宮城県	仙南地域広域行政事務組合
9	福島県	白河地方広域市町村圏整備組合
10	茨城県	茨城租税債権管理機構
11	長野県	長野県地方税滞納整理機構
12	静岡県	静岡地方税滞納整理機構
13	愛知県	東三河広域連合
14	三重県	三重地方税管理回収機構
15	滋賀県	甲賀広域行政組合
16	京都府	京都地方税機構
17	和歌山県	和歌山地方税回収機構
18	鳥取県	鳥取中部ふるさと広域連合
19	岡山県	岡山県市町村税整理組合
20	徳島県	徳島滞納整理機構
21	香川県	大川広域行政組合
22	香川県	中讃広域行政事務組合
23	香川県	三観広域行政組合
24	愛媛県	愛媛地方税滞納整理機構
25	高知県	高幡広域市町村圏事務組合
26	高知県	幡多広域市町村圏事務組合
27	高知県	南国・香南・香美租税債権管理機構
28	高知県	安芸広域市町村圏事務組合

出所：総務省ホームページ

ポイント

いくつかの自治体で共同徴収を行っている場合には、一部事務組合や広域連合を設立しているケースが多いといえます。一部事務組合の歴史は古く、岡山県市町村税整理組合と甲賀広域行政組合が昭和30年代に登場しています。広域連合は平成10年に設立された鳥取中部ふるさと広域連合が最も古いものです。

	組織形態
	一部事務組合
	広域連合
	一部事務組合
	一部事務組合
	一部事務組合
	一部事務組合
	一部事務組合
	一部事務組合
	一部事務組合
	一部事務組合
	広域連合
	広域連合
	広域連合
	一部事務組合
	一部事務組合
	広域連合
	一部事務組合
	広域連合
	一部事務組合
	一部事務組合
	一部事務組合
	一部事務組合
	一部事務組合
	一部事務組合
	一部事務組合
	一部事務組合
	一部事務組合
	一部事務組合

●共同徴収組織の数

共同徴収する組織として、一部事務組合と広域連合があります。令和元年現在、全国に28団体が活動しています（任意組織は除く）。

3-32 ふるさと納税制度

地方税法第37条の2（寄附金税額控除）

● 受入額と受入件数の推移

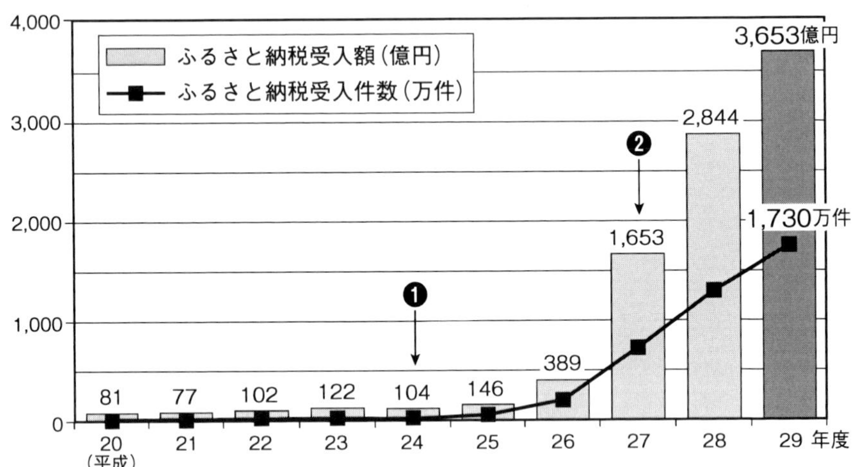

出所：総務省ホームページ「ふるさと寄附金の適用状況」についてより作成。

● これからのふるさと納税制度（平成31年度税制改正）

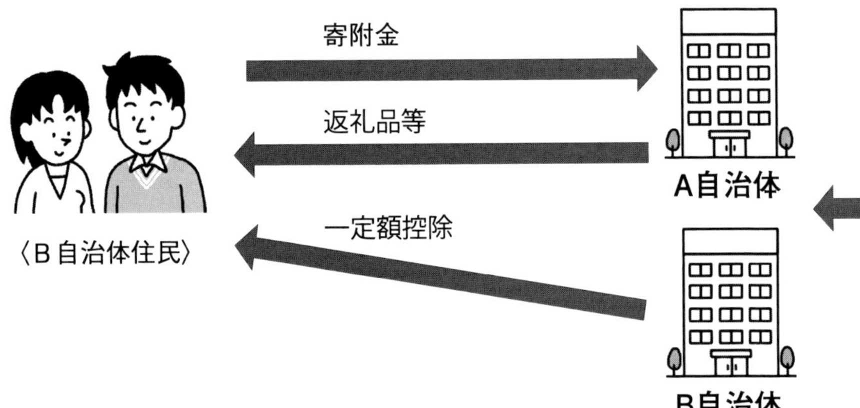

ポイント

ふるさと納税とは、平成20年4月に改正地方税法の公布により始まった「自治体への寄附金税制」のことです。
「ふるさと」や「お気に入りの地域」「応援したい地域」など、寄附したいと思う地域に寄附した場合に、寄附金額に応じて所得税と住民税から一定額の控除を受けられる制度です。

〔❶利用数増加の兆し〕ふるさと納税の適用状況は左のとおりです。平成24年度は、東日本大震災の影響もあってか、利用者数が増えました。寄附される自治体にはよい話ですが、寄附した納税者が居住する自治体にとっては、還付金を支出するため、住民がたくさん活用すると財政に影響がでる場合があります。

〔❷平成27年度制度改正〕ふるさと納税制度は、平成27年度税制改正で大きく変更されました。
○特例控除額の上限を1割から2割に引き下げ
○ふるさと納税ワンストップ特例制度（確定申告不要なサラリーマン等対象）

○地方団体間の競争が過熱
○ふるさと納税の趣旨に反するような返礼品の送付

平成31年度税制改正につながる

総務大臣による納税対象の自治体指定

基準1　募集適正実施基準
基準2　返礼割合3割以下基準
基準3　地場産品基準

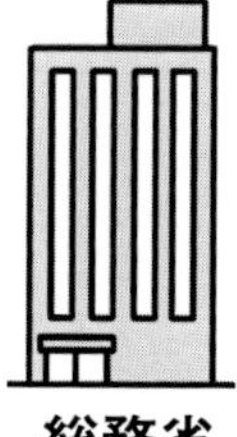

●改正後の地方税法第37条の2（寄附金税額控除）の概要

〈ふるさと納税の募集の適正な実施〉

特例控除対象寄附金とは、寄附金の募集の適正な実施に係る基準として総務大臣が定める基準に適合する都道府県等として総務大臣が指定するものに対するものをいう。

〈返礼品は返礼割合3割以下〉

都道府県等が個別の寄附金の受領に伴い提供する返礼品等の調達に要する費用の額として総務大臣が定めるところにより算定した額が、当該寄付金の百分の三十に相当する金額以下であること。

〈返礼品は地場産品とする〉

都道府県等が提供する返礼品等が当該都道府県等の区域内において生産された物品又は提供される役務その他これらに類するものであつて、総務大臣が定める基準に適合するものであること。

3-33 復興特別税

● 特例の期間として令和５年度までの10年間実施

均等割	平成25年度まで	特例期間 （平成26年度から令和５年度まで）
県民税	1,000円	1,500円
市民税	3,000円	3,500円
合　計	4,000円	5,000円

・県民税均等割…県民税均等割の標準税率について、500円を加算した額
・市民税均等割…市民税均等割の標準税率について、500円を加算した額

● 個人にかかる復興特別税のイメージ

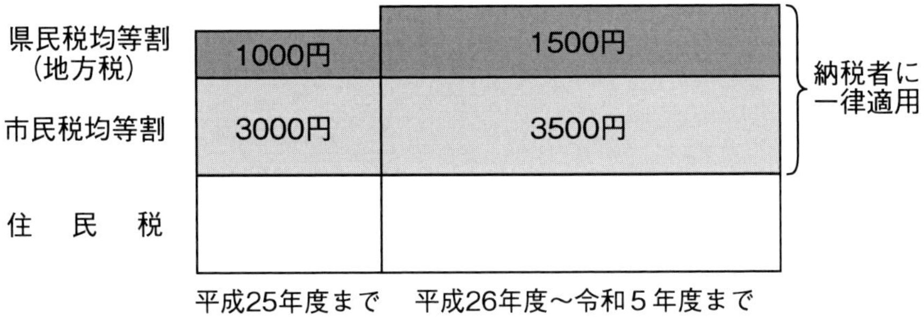

	平成25年度まで	平成26年度～令和５年度まで	
県民税均等割（地方税）	1000円	1500円	納税者に一律適用
市民税均等割	3000円	3500円	納税者に一律適用
住　民　税			

ポイント

東日本大震災からの復興を図ることを目的として、東日本大震災復興基本法（平成23年法律第76号）第2条に定める基本理念に基づき、平成23年度から平成27年度までの間において実施する施策のうち全国的に、かつ、緊急に自治体が実施する防災のための施策に要する費用の財源を確保するため、臨時の措置として個人住民税の均等割の標準税率について、地方税法の特例が定められました。

● 復興特別税の目的

行政・ライフライン

- 学校など公共施設の耐震化
- 上下水道管、施設の耐震化
- 高速道路・橋の耐震化

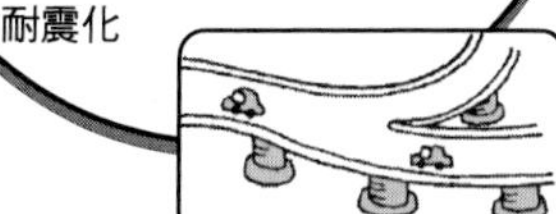

まち全体

- 道路の拡幅
- 建物の不燃化
- 再開発

●復興特別税の根拠

東日本大震災からの復興に関し地方公共団体が実施する防災のための施策に必要な財源の確保に係る地方税の臨時特例に関する法律（平成23年法律第118号）の成立により、2014年(平成26年度)から2023年(令和5年度)まで10年間にわたり、住民税の均等割に対し、道府県民税、市町村民税各500円を加算します。

●均等割とは

均等割とは、ある一定以上所得がある人には全員同じ金額で課税されることをいいます。

3-34 地方税の税務機構（政府）

総務省設置法第４条第52号

● 総務省の自治税務局の組織と業務内容

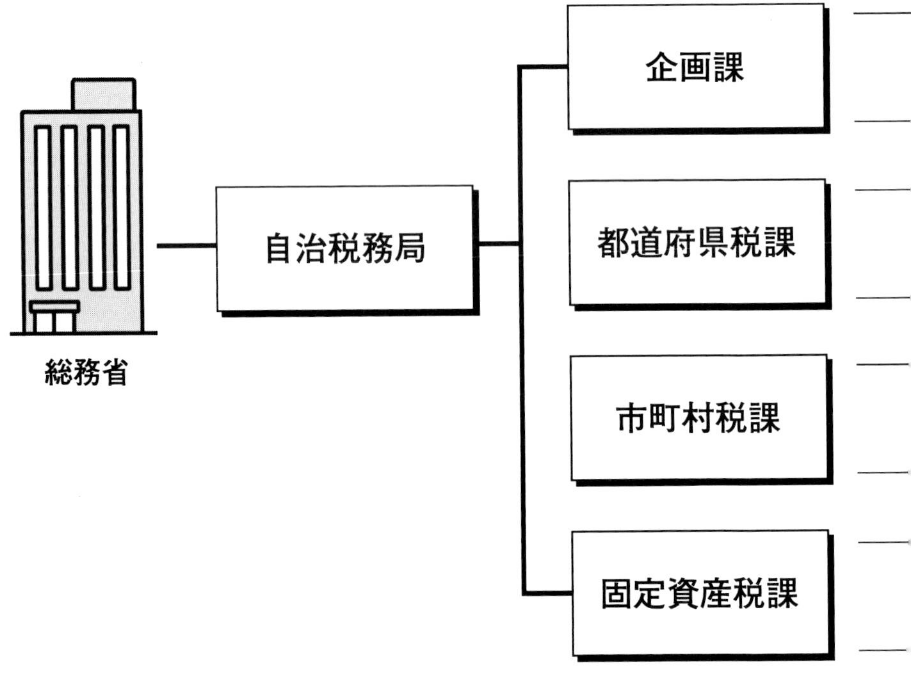

地方税を統轄しているのは、総務省の自治税務局です。総務省設置法では第4条第52号で、地方税に関する制度の企画及び立案に関することとしています。

●総務省設置法第4条第52号以外の地方税に係る規定

53号　法定外普通税及び法定外目的税の新設又は変更に係る協議及び同意に関すること。

54号　前二号に掲げるもののほか、地方税及び特別法人事業税に関すること。

〈業務の内容〉

地方税税務執行全般に関する制度の企画及び立案、法定外税の新設又は変更に係る協議及び同意、自治税務局の総合調整、地方譲与税ほか

法人住民税・法人事業税・不動産取得税等

個人住民税・軽自動車税・入湯税・事業所税等

固定資産税・都市計画税等、
地方財政審議会固定評価分科会の庶務など

3-35 総務省の所轄審議会等

● 総務省の所轄審議会の組織と業務内容

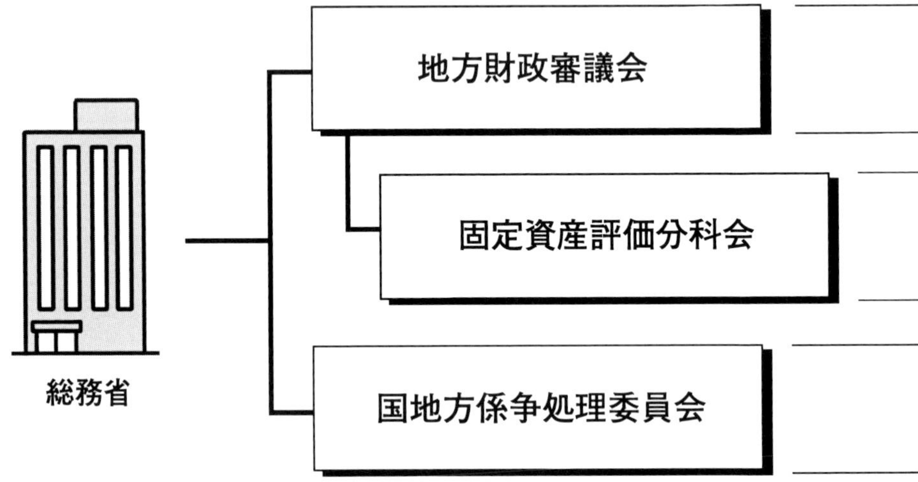

● 地方財政審議会と国地方係争処理委員会の委員の決め方

地方税に関係する所轄審議会には、地方財政審議会、固定資産評価分科会、国地方係争処理委員会があります。前二者は総務大臣の諮問機関として、後者は自治体の長からの不服に対して審査をする役割があります。

〈業務の内容〉

法定外税の同意については、総務大臣は地方財政審議会の意見を聴かなくてはならない（事務局は自治財政局）
（地方税法第260条の2、第670条の2、第732条の2）

固定資産評価基準を定めようとするときは、総務大臣は地方財政審議会の意見を聴かなくてはならない（事務局は固定資産税課）（地方税法第388条第2項）

国の関与のうち是正の要求など、公権力の行使に当たるものについて、不服がある普通地方公共団体の長等は、国地方係争処理委員会に審査の申出ができる（庶務は自治行政局行政課）（地方自治法第250条の13）

地方財政審議会

国地方係争処理委員会

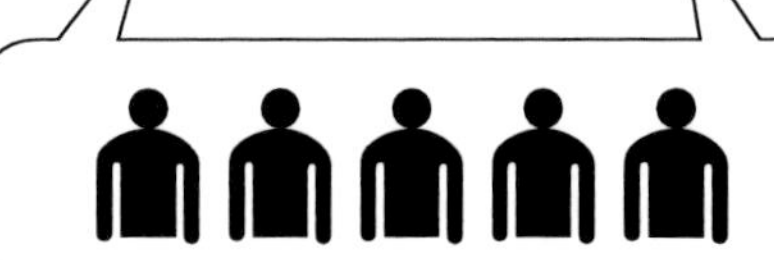

５人・任期は３年

おすすめの参考図書（総論・租税法等）

税務部門では、業務に関する知識や情報を持っていればいるほど、それが仕事の支えになります。積極的に時間をみつけて、さまざまな本から知識を身につけましょう。以下に参考となる本を掲載します。

【総論】

『図解　地方税　各年版』石橋茂著　大蔵財務協会
『キーワードの比較で読むわかりやすい地方税のポイント115（増訂版）』地方税事務研究会編著　ぎょうせい
『地方税Q&A』全国女性税理士連盟編　大蔵財務協会
『地方税取扱いの手引』桑原隆広編　地方税制度研究会編　清文社
『新任税務職員のための地方税ガイドブック（平成27年度）』東京税務協会編　東京税務協会
『地方税制の現状とその運営の実態』地方財務協会編　地方財務協会

【租税法】

『租税法（第23版）』金子宏著　弘文堂
『要説　地方税のしくみと法』碓井光明著　学陽書房
『地方税の法理論と実際』碓井光明著　弘文堂
『税法入門（第7版・有斐閣新書）』金子宏・清永敬次・宮谷俊胤・畠山武道著　有斐閣
『租税法入門　第２版』増井良啓著　有斐閣
『入門租税論』佐藤進・伊東弘文著　三嶺書房
『地方税法総則逐条解説』地方税務研究会編　地方財務協会
『地方税法概説―国税との比較で学ぶ地方税入門』川村栄一著　北樹出版
『税法の読み方判例の見方』伊藤義一著　TKC出版
『租税法の発展』金子宏編　有斐閣

【その他】

『新訂　自治体法務入門』木佐茂男・田中孝男編著　ぎょうせい

章

地方税の一つひとつの仕事

4-1 徴収方法

地方税法第１条第７号～第９号，第13号

● 税目ごとの徴収方法早わかり

区分	道府県税																		
	普通税															目的税			
	道府県民税					事業税		地方消費税	不動産取得税	道府県たばこ税	ゴルフ場利用税	自動車税	鉱区税	固定資産税（特例分）	道府県法定外普通税	軽油引取税	狩猟税	水利地益税	道府県法定外目的税
	個人	法人	利子割	配当割	株式等譲渡所得割	個人	法人												
普通徴収	○					○			○	○		○	○	○	○	○	○	○	○
特別徴収	○		○	○	○						○				○	○		○	○
申告納付		○					○	○		○					○	○			○
証紙徴収												○ ※			○		○		○

（注）特別土地保有税は平成15年度から課税停止。

徴収方法には、普通徴収、特別徴収、申告納付、証紙徴収があります。普通徴収と申告納付が多いですが、源泉徴収や軽油引取税などの特別徴収も住民に広く知られています。証紙徴収は、現在では税金だけでなく自治体業務全般において少なくなりました。

	市町村税															
	普通税								目的税							
	市町村民税 個人	市町村民税 法人	固定資産税	軽自動車税	市町村たばこ税	鉱産税	特別土地保有税	市町村法定外普通税	入湯税	事業所税	都市計画税	水利地益税	共同施設税	宅地開発税	国民健康保険税	市町村法定外目的税
	○		○	○	○			○			○	○	○	○	○	○
	○							○	○			○	○	○	○	○
		○			○	○	○	○		○						○
								○								○

※自動車税種別割（月割課税（新規登録））

4-2

普通徴収

地方税法第１条第７号

● 普通徴収の流れ

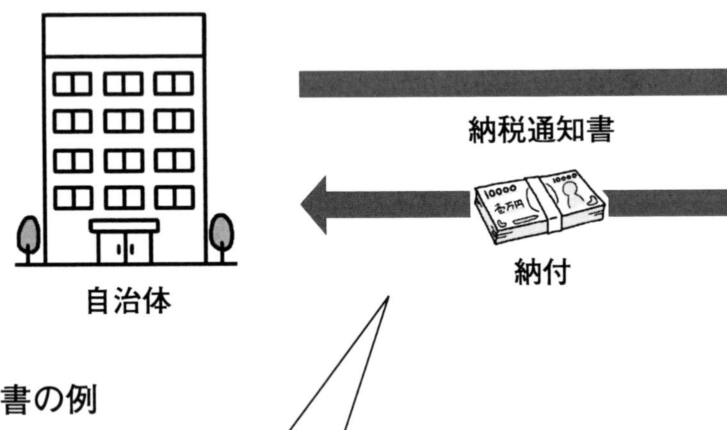

● 納税通知書の例

令和〇〇年度　　市民税・県民税納税通知書

納税義務者住所・氏名

期　別	普通徴収合計額	第１期	第２期
納期限	円	円	円
税　額	円	円	円
既納付・充当額	円	円	円
納付額	円	円	円

合計年税額　A	円
給与からの特別徴収額　B	円
公的年金からの特別徴収額　C	円
普通徴収額　A－B－C	円

普通徴収とは、納税者に納税通知書を交付し、賦課徴収する方法であり、個人住民税、固定資産税、軽自動車税などの税で行われています。
自治体が所得や課税物件などを調査して、税金を計算して納税者に納税通知書を交付して徴収します。

納税者

通知書番号

第３期	第４期
円	円
円	円
円	円
円	円

納税通知書には、課税の法的根拠、税額算定の基礎、課税について納得できない場合に納税者がとる措置などが記載されています。

4-3 特別徴収

地方税法第１条第９号

● 特別徴収の流れ

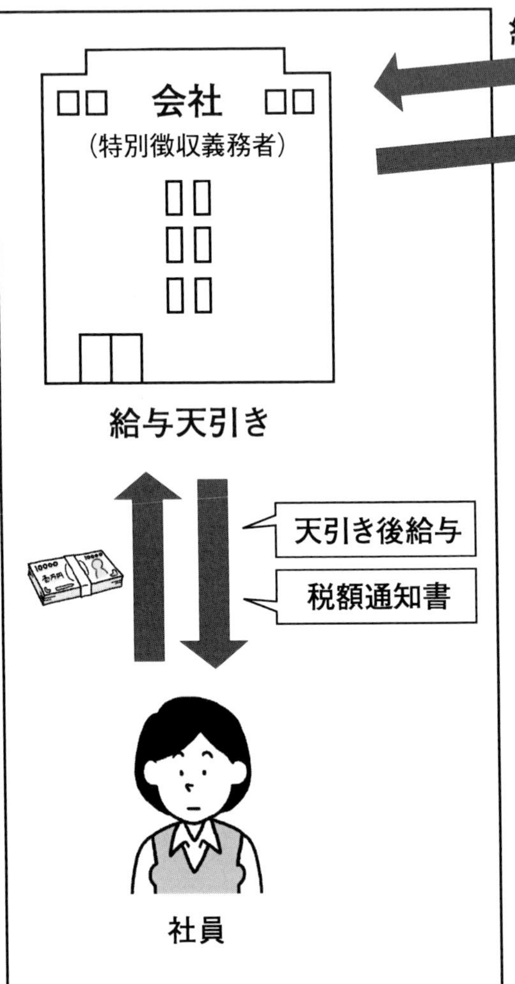

納税通知書（税額通知書）

税

● 各都道府県における

	都道府県数
平成24年度以前	5団体
平成25年度	2団体
平成26年度	8団体
平成27年度	9団体
平成28年度	5団体
平成29年度	6団体
平成30年度実施予定	6団体
平成31年度実施予定	4団体
未定	2団体

平成29年度課税までに35団体（約74％）が実施済み、平成31年度までに45団体（約96％）が実施される見込みとなっている。

地方税の徴収について便宜を有する者にこれを徴収させ、かつ、その徴収すべき税金を納入させることをいいます。
例えば、個人住民税の給与からの特別徴収、国民健康保険税の年金からの特別徴収などがあります。

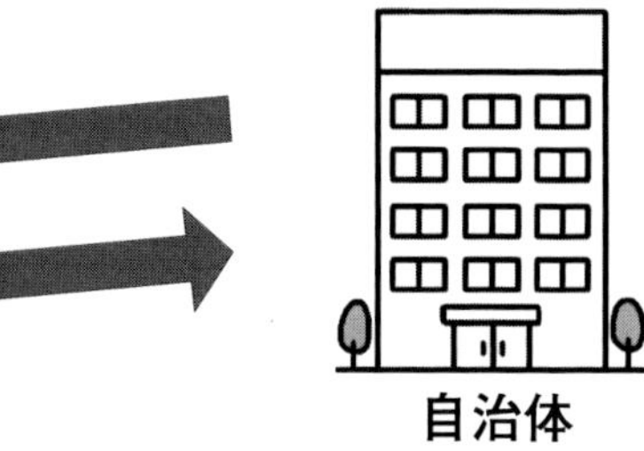

特別徴収の一斉指定の状況

	都道府県名
	北海道、岐阜県、静岡県、高知県、佐賀県
	奈良県、熊本県
	青森県、宮城県、秋田県、山形県、新潟県、愛知県、三重県、大分県
	岩手県、福島県、茨城県、栃木県、埼玉県、山梨県、愛媛県、長崎県、鹿児島県
	千葉県、神奈川県、福井県、滋賀県、岡山県
	群馬県、東京都、富山県、福岡県、宮崎県、沖縄県
	長野県、京都府、大阪府、兵庫県、和歌山県、鳥取県
	島根県、山口県、徳島県、香川県
	石川県、広島県

●特別徴収義務者とは

特別徴収によって地方税を徴収し、且つ、納入する義務を負う者をいいます（地方税法第1条第10号）。特別徴収の方が、従業員である住民にとっても、自治体にとってもメリットがある一方、事業者にとっては、課税自治体ごとに手続きしなければならず、時間と費用がかかるため、積極的にはやりたがらない傾向があります。

そこで全国的に特別徴収義務者の候補事業者がたくさん存在します。

また、業種によっては、正規雇用者よりも、パート、アルバイト、短期雇用者などが多いこともあり、退職雇用手続きの煩雑さが指摘されています。

●特別徴収の一斉指定の実施状況

特別徴収の実施率は、以前は70％程度で大きな課題とされてきましたが、近年電子化が進んでおり、給与天引きのやりとりは平成24年度に909万件（全体の12％）だったものが平成30年度には3,720万件（全体の43.7％）、年金天引きは平成24年度に782万人だったものが平成30年度には904万人となっています。

4-4 申告納付

法人住民税、市町村たばこ税等

● 自治体への申告納付の流れ

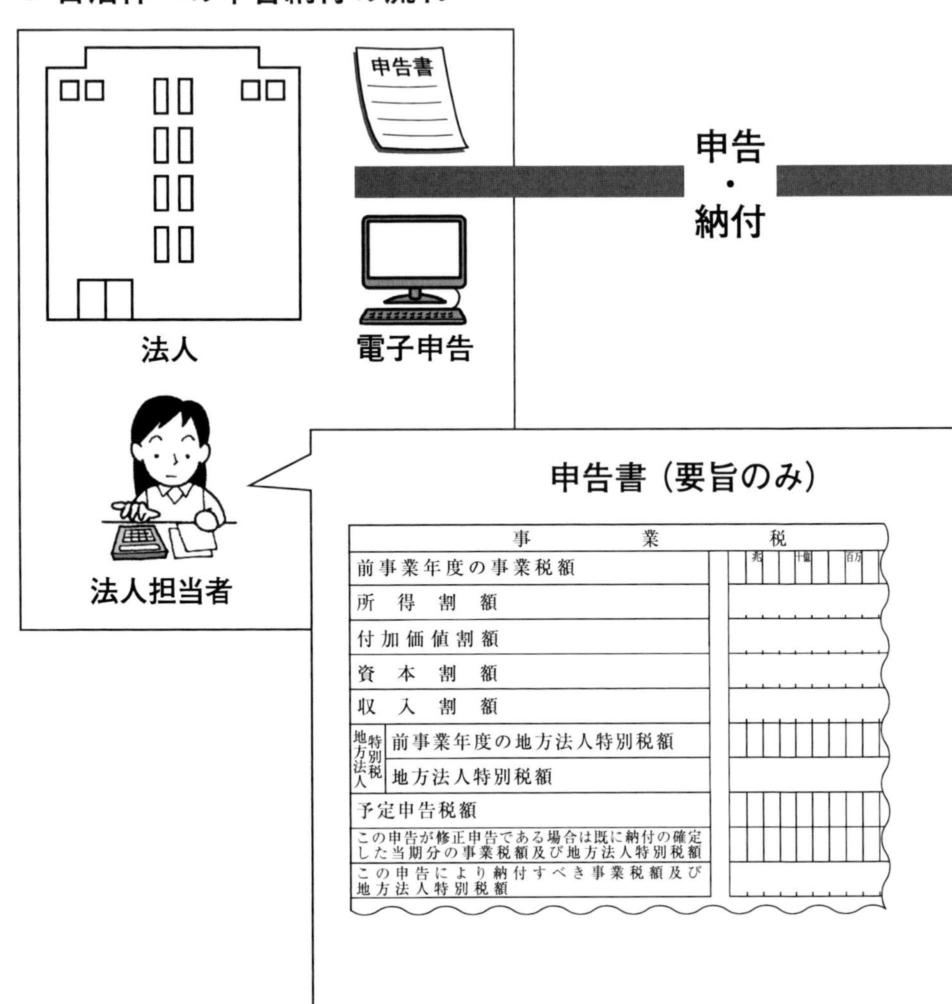

申告納付とは、納税者が税額を申告し、その申告分を納付する方法です。普通徴収は税額を自治体が決めますが、申告納付は納税者が自分で税額を計算し、申告し、納付します。

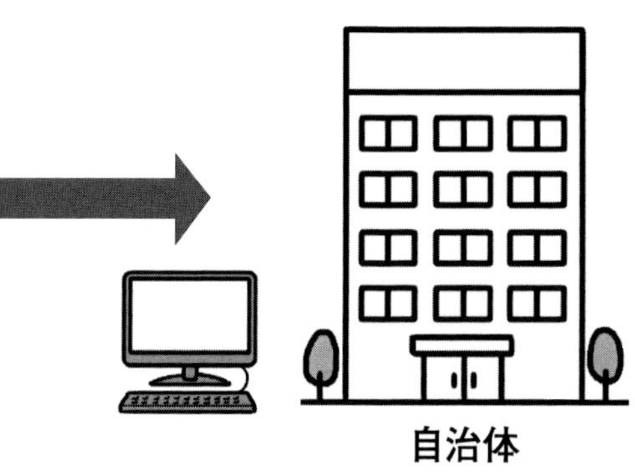

県民税		
前事業年度又は前連結事業年度の法人税割額		兆 十億 百万 千 円 0 0
予定申告税額		0 0
この申告が修正申告である場合は既に納付の確定した当期分の法人税割額		0 0
この申告により納付すべき法人税割額		0 0
均等割額	算定期間中において事務所等を有していた月数	月
		兆 十億 百万 千 円 0 0
この申告により納付すべき県民税額		0 0

●申告納付とは

納税者がその納付すべき地方税の課税標準額及び税額を申告し、及びその申告した税金を納付することをいいます（地方税法第1条第8号）。

●電子申告の展開

全ての自治体に対して、法人関係税等の電子申告が可能になっています。平成29年現在で法人道府県民税・法人事業税については電子申告利用率は269万件（65.8%）であり、法人市町村税においては282万件（66.2%）に達しています。

平成30（2018）年1月に、政府が打ち出した「デジタルガバメント実行計画」では、令和2（2020）年4月から1億円以上の資本金の企業に対して電子申告の義務化をうたっています。

4-5 証紙徴収

地方税法第１条第13号

● 狩猟税の場合

納税者
（県で狩猟者登録を受ける人）

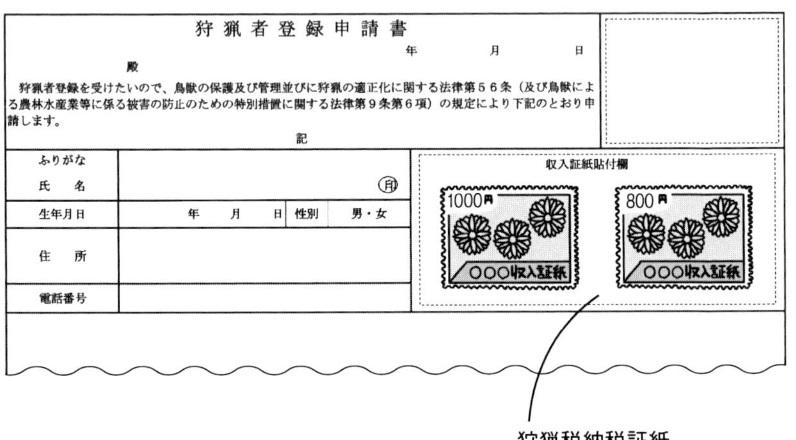

狩猟者登録申請書

年　月　日

殿

狩猟者登録を受けたいので、鳥獣の保護及び管理並びに狩猟の適正化に関する法律第５６条（及び鳥獣による農林水産業等に係る被害の防止のための特別措置に関する法律第９条第６項）の規定により下記のとおり申請します。

記

ふりがな 氏　名	㊞		
生年月日	年　月　日	性別	男・女
住　所			
電話番号			

収入証紙貼付欄

狩猟税納税証紙
県税事務所で販売

証紙徴収とは、自治体が納税通知書を交付しないで、証紙で納付する方法です。自治体が納税通知書を交付しないで、その発行する証紙をもって地方税を払い込ませることをいいます。

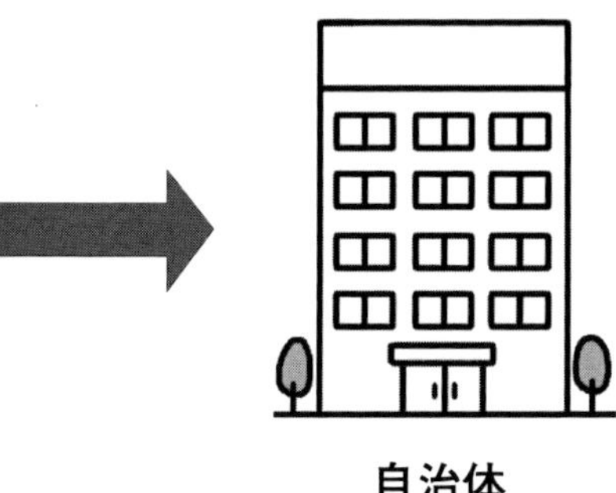

●証紙以外の方法

申告書に証紙を貼る場合と、現金を納めて「納税済印」を押す場合があります。

●証紙廃止の動き

東京都、三鷹市など各地の自治体で証紙を廃止する動きが広まっています。例えば、大阪府は、それまでは証紙で納付することを規定していた大阪府証紙徴収条例を平成30年10月1日に廃止して、証紙での手数料の納付を廃止しました。

戸籍、住民票、税の証明書について横浜市も令和2年1月28日で収入証紙の販売を終了しました。新たな専用の支払機では、現金を電子マネー（Suica、PASMO、楽天Edy、WAON、nanaco）が利用できます。

4-6 電子申告・電子納税

● 電子申告・電子納税のイメージ

市民

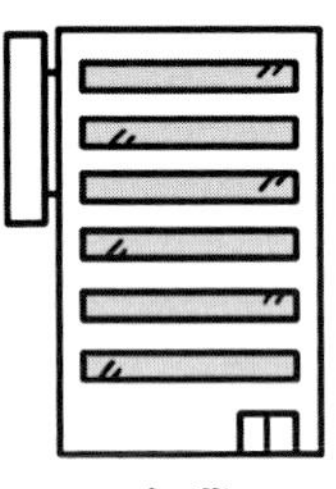

企業

税理士

申告
申請
納税

（地方税ポータルシステム）
＋
（地方税共通納税システム）

eLTAXでできることの例

	法人都道府県民税	法人市町村民税
申告	予定申告・中間申告・確定申告・修正申告など	
申請・届出	申告書の提出期限の延長の承認申請	法人設立・設置届、異動届
納税	電子申告納付、見込み納付、見なし納付、延滞金・加算金の納付	

ポイント

地方税の電子申告は、eLTAX（エルタックス）といいます。「地方税共同機構LTA（Local Tax Agency）」に入会している自治体が共同で開発・運用を行っています。
令和元年10月から「地方税共通納税システム」が導入され、企業は全自治体に対して電子納税が可能となり、複数の自治体への納税も一度の手続きで可能となりました。

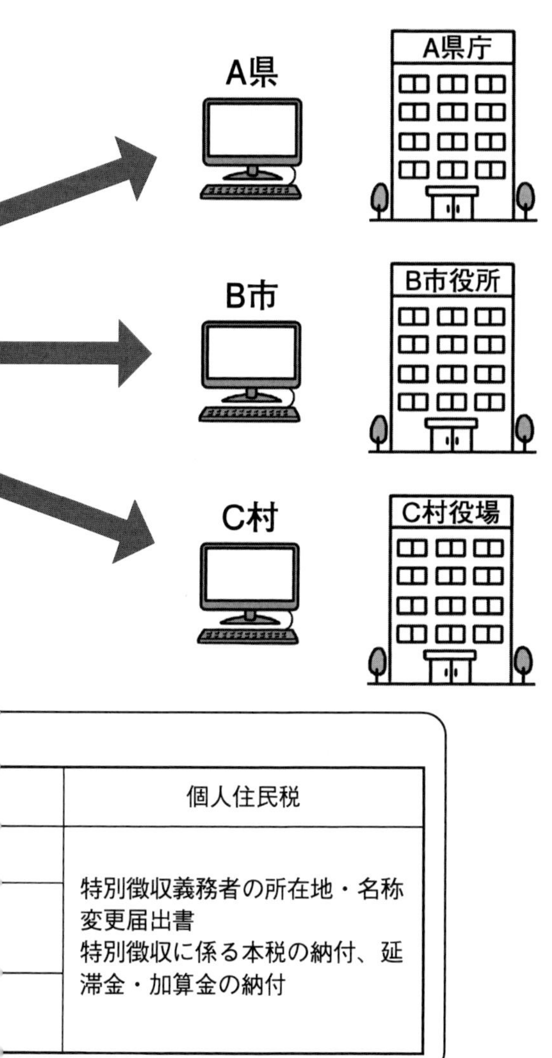

	個人住民税
	特別徴収義務者の所在地・名称変更届出書 特別徴収に係る本税の納付、延滞金・加算金の納付

●複数の地方公共団体への地方税一括納税

令和元年10月1日以降、電子申告したものについて、地方税共通納税システムを用いて、複数の地方公共団体に地方税の一括納税ができます。対象は法人都道府県民税、法人事業税、特別法人事業税（地方法人特別税）、法人市町村民税、個人住民税、退職所得に関わる納入申告、事業所税が該当します。

また、同日から地方税共通納税システムを用いて、納付金額を直接入力することで、複数の地方公共団体に地方税の一括納税ができます。この対象は、個人住民税（特別徴収）、法人都道府県民税の見込納付・みなし納付、法人事業税の見込納付・みなし納付、特別法人事業税（地方法人特別税）の見込納付・みなし納付、法人市町村民税の見込納付・みなし納付が該当します。

4-7 収納・消込

● 収納・消込のイメージ

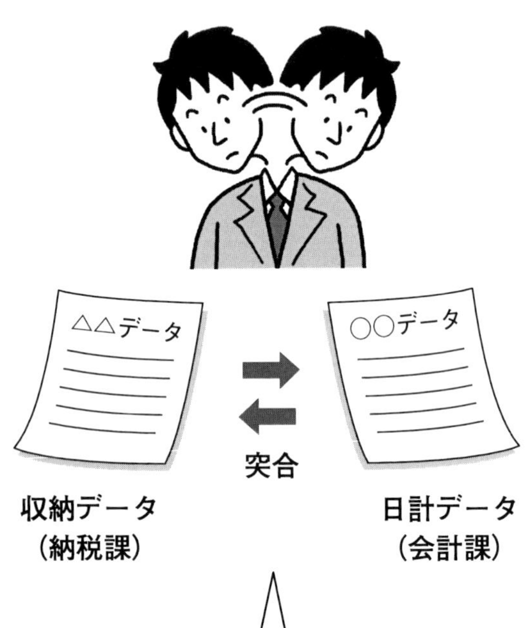

消込の方法は自治体によって異なるが、会計課や金融機関、データセンター、コンビニ収納の委託先などから日計データが電子メールやフロッピーディスクなどの媒体によって、送られてくるので、そのデータを税務システムに取り込んで、税務システムにある収納データとチェックして消込をしていきます。

窓口で受けた納付書を入力し、収納データを作成し、納付された市（県）税を自治体の歳入とするために、担当者がデータ処理を行うことを収納・消込といいます。

● 過誤納がある場合の処理

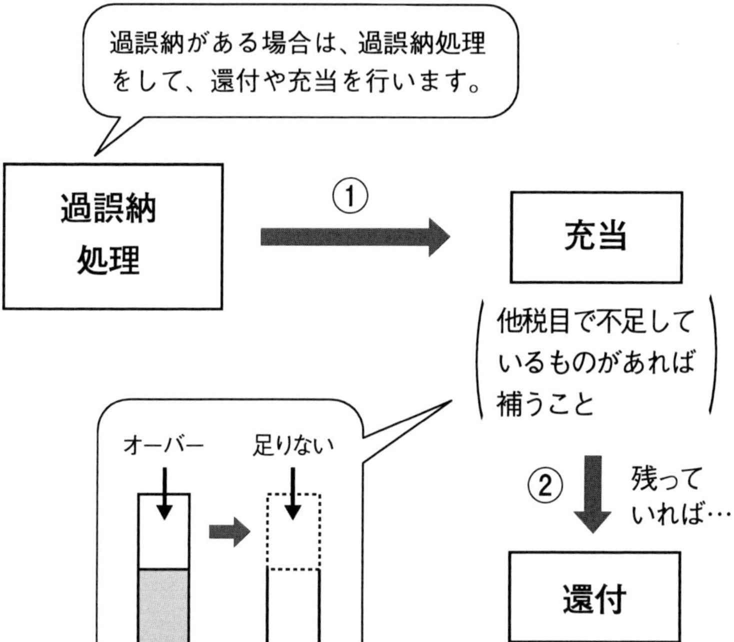

過誤納がある場合は、過誤納処理をして、還付や充当を行います。

過誤納処理 → ① → 充当

（他税目で不足しているものがあれば補うこと）

オーバー　足りない

○○税　××税

② 残っていれば…

還付

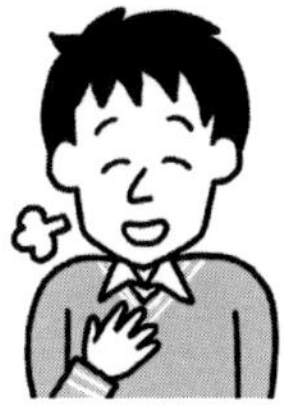

4-8 納付の種類

● 自治体窓口

● 金融機関（銀行・郵便局など）

納入通知書等に金銭をそえて、金融機関の窓口で納付します。

銀行

● 口座振替

● 現金書留（例外）

● 納税貯蓄組合

納税貯蓄組合（単位組合）数	1.8 万組合
組合員数	85.9 万人

平成31年３月末現在

納税貯蓄組合法（昭和26年法律145号）に基づく団体で、納税資金の備蓄による各種税金の円滑な納付を目的として組織された団体です。

組合には、国税、県税、市税等の納税者であれば誰でも加入でき、全国の市町村の商店街や町内会、同業組合、企業等の納税者を構成メンバーとしています。

ポイント

納付にはさまざまな方法があります。多くは銀行や郵便局で納付する方法ですが、手間がかからないものとして、口座振替があります。最近では、コンビニエンスストアで納付できたり、クレジットカードを使って納付できる自治体もあります。また、従来から行われている自治体の窓口で納付したり、自治体によっては納税貯蓄組合が徴収しているケースもあります。

● コンビニエンスストア
(バーコードのある納付書)

１枚あたりの納付書の金額が30万円を超える納付書は扱いません。

コンビニエンスストア

● ペイジー

パソコンや携帯電話等を利用したインターネットバンキング等やＡＴＭで納税することができるサービス

● クレジットカード

インターネットを利用したクレジットカード
「Yahoo!　公金支払い」
パソコン・携帯電話から納付できます。納付金額１万円以上は手数料がかかります。
100万円以上の納付書や延滞金の納付書は取扱いできません。

● スマホアプリ

スマートフォンアプリを利用して、市税や公共料金を納付（入）する方法です。
金融機関やコンビニに出向かなくても、いつでも、どこでも納付（入）できます。

4-9 納付方法の状況

● 新しい納付方法の状況

	導入件数			
	都道府県		市町村	
	平成30年7月1日現在	前年	平成30年7月1日現在	前年
コンビニエンスストア	47	47	1,179	1,127
ペイジー	31	21	67	60
クレジットカード	40	33	196	159
スマホアプリ※	6	(3)	183	(56)

出所：総務省資料　　※スマホアプリの（　）内はモバイルレジの数値

コンビニエンスストアやペイジー、クレジットカード、スマホアプリによる納入は、年々増加しています。
都道府県では、自動車税、個人事業税、不動産取得税、鉱区税などが利用でき、市町村では、軽自動車税、個人住民税、固定資産税、国民健康保険税などが利用できます。

	税目	
	都道府県	市町村
	自動車税、個人事業税、不動産取得税、鉱区税など	軽自動車税、個人住民税、固定資産税、国民健康保険税など
	自動車税、個人事業税、不動産取得税、鉱区税、自動車取得税など	軽自動車税、個人住民税、固定資産税、国民健康保険税など
	自動車税	軽自動車税、個人住民税、固定資産税、国民健康保険税など
	自動車税、法人住民税、法人事業税、軽油引取税、不動産取得税	個人住民税、固定資産税、都市計画税、軽自動車税など

●新しい納付方法の課題

導入時のシステム改修費用やランニングコスト、収納データの反映に時間がかかるため、納税証明書の交付や滞納整理に影響がでることなどが実施自治体から指摘されています。

4-10 還付・充当

還付：地方税法第17条（過誤納金の還付）地方税法施行令第6条の13～15
充当：地方税法第17条の2（過誤納金の充当）

● 還付・充当のイメージ

過誤金

10,000円

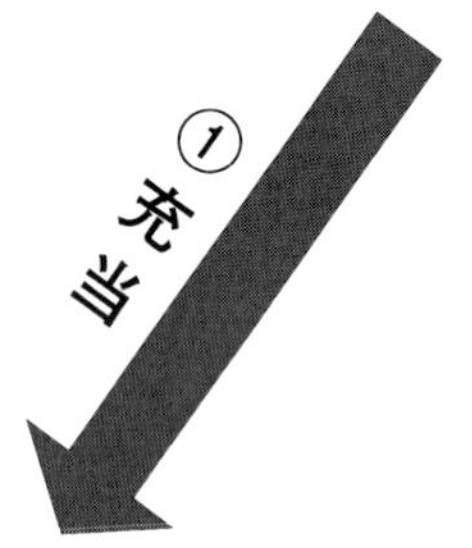

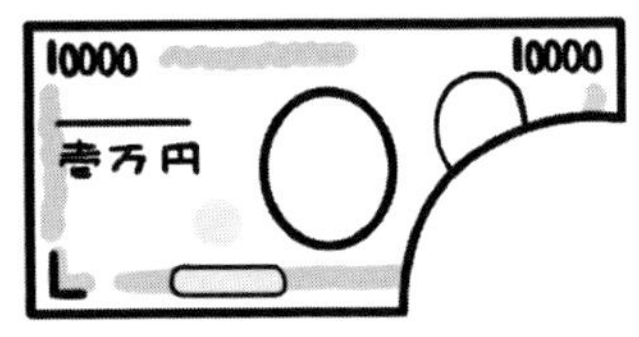

7,000円

- 未納・延滞金があればそれを差し引く
- 過誤納金充当通知書発送

- 過誤納金還付通知書発送

ポイント

還付とは、納付額が課税額を超えた場合（過誤納金があった場合）に、その超過額を納税者に遅滞なく返すことをいいます。
充当とは、過誤納金があった場合に、まだ未納の税金がある場合や延滞金が残っている場合には、還付せずに、未納の税金や延滞金に充てることをいいます。

● 過誤納金の主な発生事由

- ・取消（課税の取消により減額）
- ・減額（申告等による減額）
- ・更正（税額更正による減額）
- ・納め過ぎ（本来納める税額よりも多く納付した場合）
- ・二重納付（既に納められた税金に対して納付があった場合）

● 還付の手続き

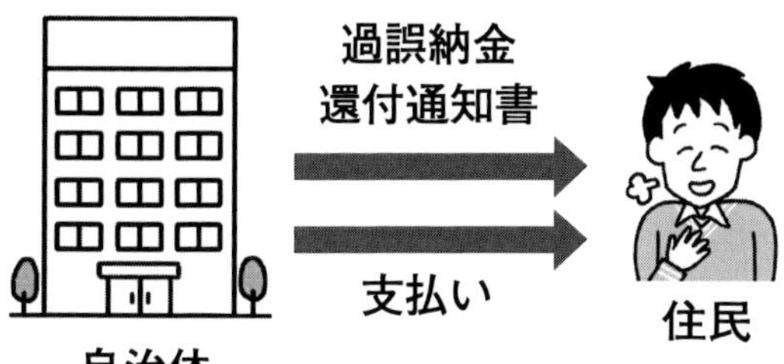

●通知書の発行日から５年を経過すると受け取りができなくなります。

●過誤納金とは

過誤納金とは、過納金と誤納金とに区別されます。

過納金とは、納付のときには正しく納められていたが、あとになって、賦課決定の取り消しなどから超過納付となった場合の徴収金を指します。

誤納金とは、納付しなくてもいいのに、誤って納付したり、課税額よりも多く納付したり、二重納付したりした場合の徴収金のことを指します。

4-11 還付加算金

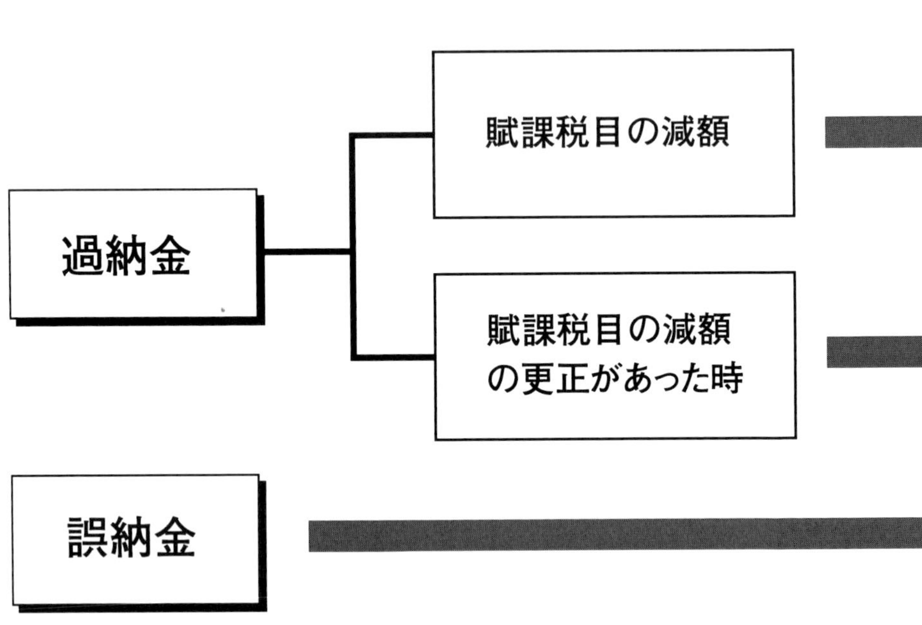

（参考） 令和２年1月1日以降の延滞金等の割合

本則		
延滞金	①納期限の翌日から1月を経過するまで	7.30%
	②納期限の翌日から1月を経過した日以降	14.60%
	③還付加算金	7.30%

① 納期限の翌日から1月を経過する日までの期間については、年「7.3%」と「特例基準割合（※）＋1%」のいずれか低い割合を適用することとなり、上表（注1）の割合が適用されます。

還付加算金とは、税金を納め過ぎた場合に、地方税法の規定に基づき、過誤納金に加算して支払うものです。
4−10「還付・充当」の項中「過誤納金」で説明した、過納金か誤納金かの違いは、発生の責任の違いとなって、還付加算金の計算方法に影響を及ぼします。
還付加算金は、加算される期間の日数に応じて、計算されますが、日数の始期がいつになるかケースによって異なることに注意が必要です。

納付日の翌日起算

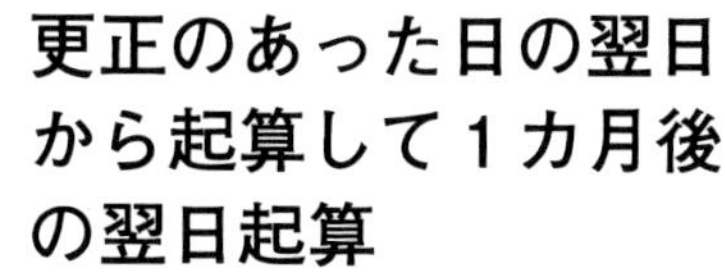

更正のあった日の翌日から起算して１カ月後の翌日起算

納付日の翌日から起算して１カ月後

特例措置

割合	適用期間
2.6%（注1）	令和２年1月1日～12月31日
8.9%（注2）	
1.6%（特例基準割合）	

② 納期限の翌日から1月を経過する日の翌日以降については、年「14.6%」と「特例基準割合（※）＋7.3%」のいずれか低い割合を適用することとなり、上表（注2）の割合が適用されます。

●還付加算金の例

・過納金のうち、賦課税目の減額の場合、納付の日の翌日から計算されます（地方税法第17条の4第1項第1号）。
・過納金のうち、申告税目について、自治体が減額の更正を行った場合は更正があった日の翌日から起算して1カ月を経過する翌日から計算されます（地方税法第17条の4第1項2号）。
・誤納金は、納税者の責任となり、納付の日の翌日から1カ月後となります（地方税法第17条の4第4項）。

●特定基準割合とは

特定基準割合とは、当該年の前年に租税特別措置法第93条第2項の規定により告示された割合（国内銀行の新規貸出約定平均金利の年平均割合）に年1%の割合を加算した割合をいいます（平成26年度税制改正以降）。

4-12 納税猶予

地方税法第１５条〜第１５条の９

● 徴収猶予

災害・病気

判断・通知

● 換価の猶予

生活維持困難

判断

● 申請による換価の猶予（平成27年４月〜）

納税者からの申請

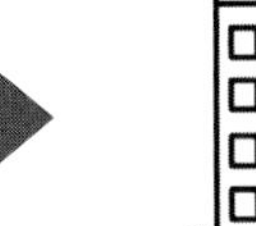

自治体

判断

● 滞納処分の停止

滞納処分できる財産がないとき
生活者を著しく窮迫させるおそれがあるとき

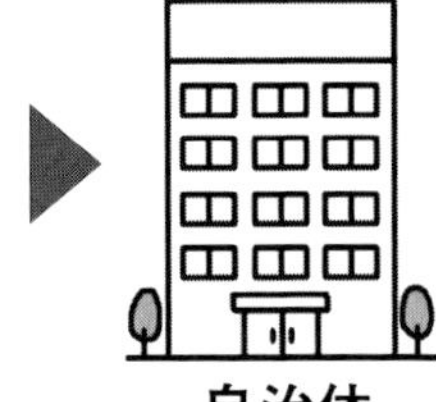

判断・通知

ポイント

納税猶予には、徴収猶予、換価の猶予、申請による換価の猶予、滞納処分の停止があります。実務上、それぞれのケースごとに猶予期間に違いがあります。

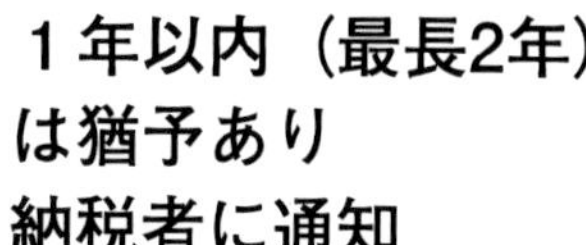

●徴収猶予

納税者が災害、病気など税金を納めることが困難と認められる事実が発生した場合においては、納税者が申請し、地方自治体が納付納入困難と判断すれば、1年以内（最長2年まで）の猶予が認められます。徴収猶予したときと期間を延長したときには納税者に通知しなければなりません。

１年以内は猶予あり
（最長2年）

●換価の猶予

滞納者が財産の換価を直ちにされると事業の継続や生活の維持を困難にするおそれがあるときに猶予できます。ただし1年を超えることはできません。

１年以内は猶予あり
（最長2年）

●滞納処分の停止

滞納処分できる財産がないときや滞納処分によって、滞納者の生活を著しく窮迫させるおそれがあるときなどに滞納処分の停止ができます。

この場合、滞納処分の執行を停止したことを滞納者に通知しなければなりません。

ただし、この通知は停止の効力の発生要件ではなく、訓示規定とされています。

滞納処分の執行停止を
滞納者に通知

4-13 滞納整理・滞納処分

国税徴収法第47条〜第147条

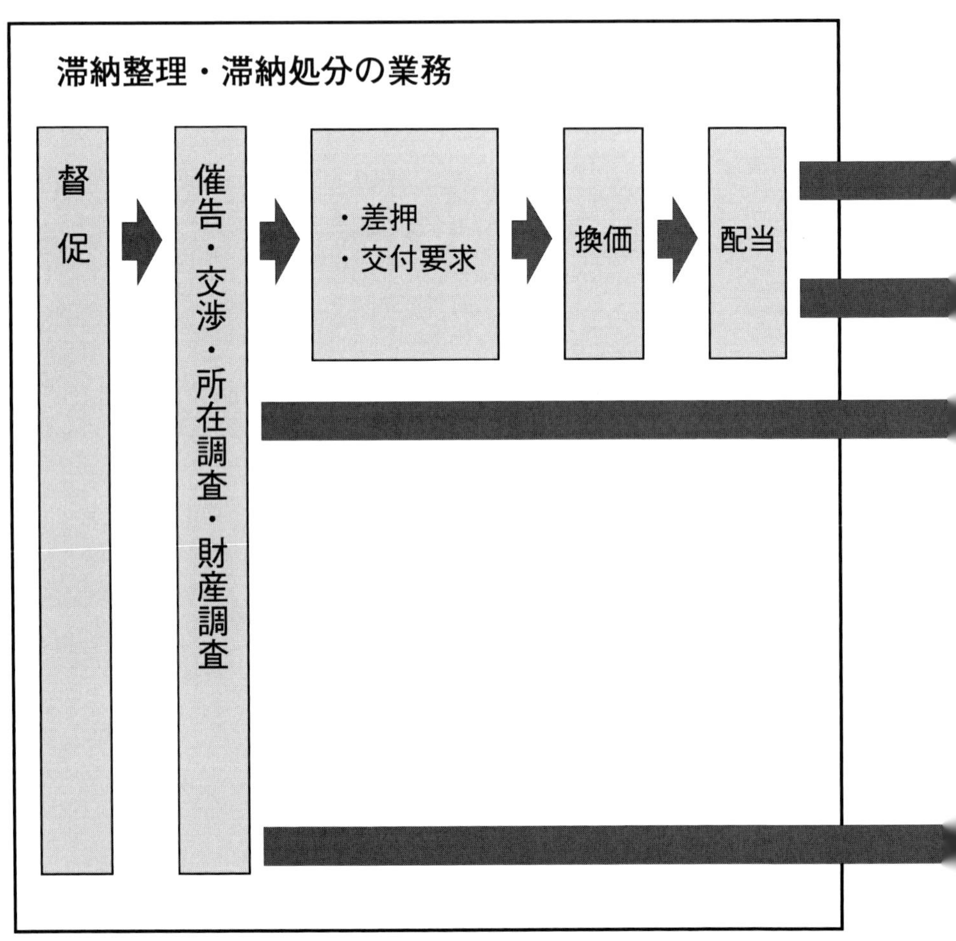

滞納整理・滞納処分以降のおおまかな業務の流れは以下のとおりです。
この流れを把握して取り組むと、仕事がしやすくなるはずです。

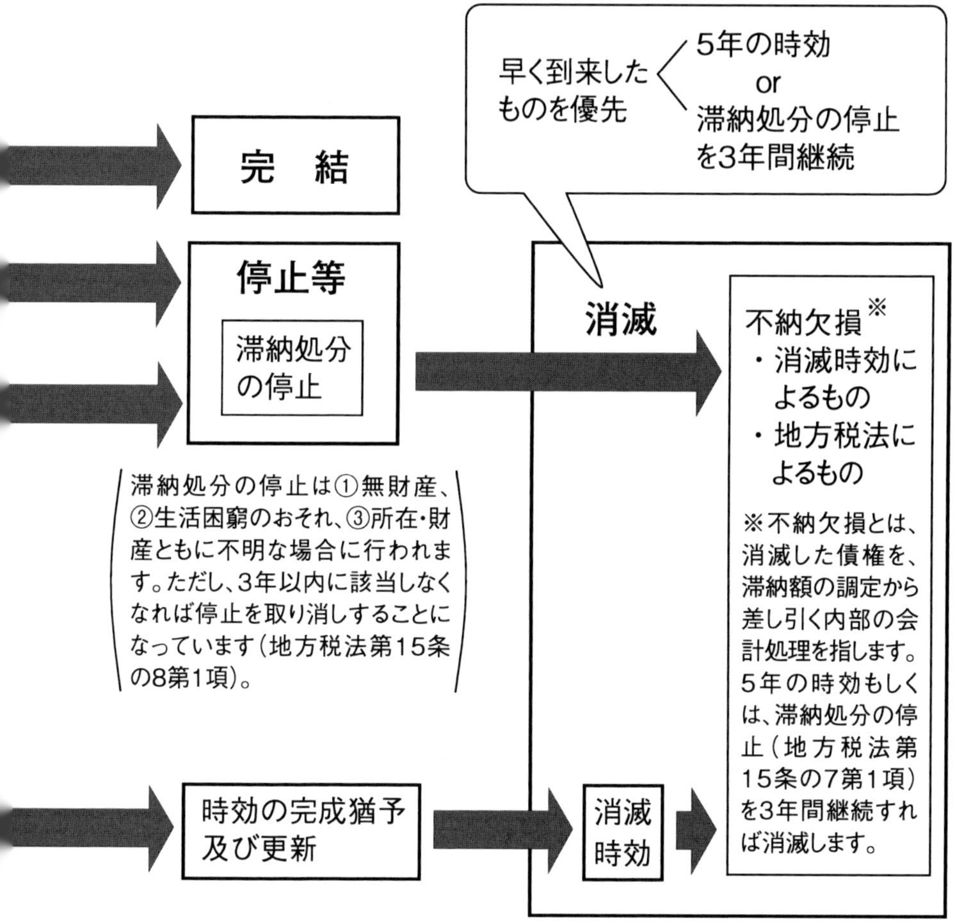

完　結

停止等

滞納処分の停止

滞納処分の停止は①無財産、②生活困窮のおそれ、③所在・財産ともに不明な場合に行われます。ただし、3年以内に該当しなくなれば停止を取り消しすることになっています（地方税法第15条の8第1項）。

時効の完成猶予及び更新

早く到来したものを優先
5年の時効
or
滞納処分の停止を3年間継続

消滅

消滅時効

不納欠損※
・消滅時効によるもの
・地方税法によるもの

※不納欠損とは、消滅した債権を、滞納額の調定から差し引く内部の会計処理を指します。5年の時効もしくは、滞納処分の停止（地方税法第15条の7第1項）を3年間継続すれば消滅します。

4-14 督促

地方税法第329条等

● 督促状に記載すべき事項

督　促　状

あなたの市税が滞納になっています。
記載の金融機関で至急納付して下さい。

※　この督促状は○月○日現在で○○市が納付の確認をできなかった方に対して作成しております。

発送日　　　年　　月　　日

市長　　　　　印

督促状の規定は地方税法の各税目の中で規定されています。

この督促状は、納期限までに完納されない場合、法律に基づいて発送されます。

督促とは、納税者が納期限までに完納しなかった場合に、徴税吏員が、納期限後20日以内に督促状を発付しなければならないことを指します。
督促は所定の書面によって行わなければならず、口頭での督促は無効です。督促状が出ていないと、納期限を経過していても滞納処分はできません。督促は、滞納処分の前提要件であり、滞納整理の始まりのアクションです。

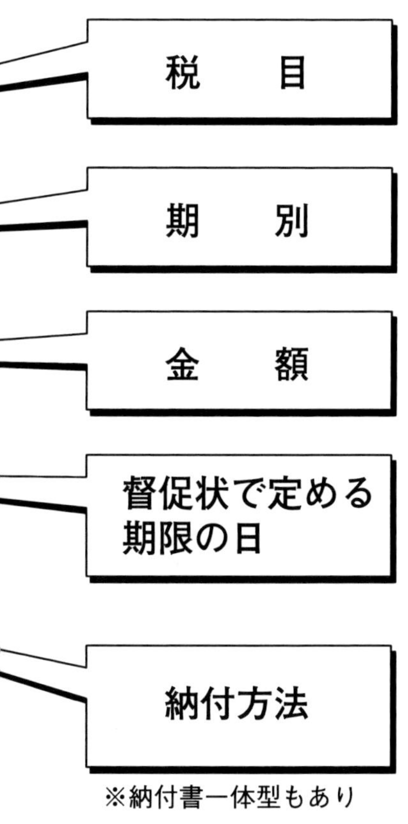

●時効の完成猶予及び更新の規定

督促状の発送は時効の完成猶予及び更新の効力があります（地方税法第18条の2第1項第2号）。

また、督促状を発した場合、条例によって、手数料を徴収することができます（地方税法第330条ほか）。

4-15 催告

● 電話催告

● 自動音声電話催告システム

● 文書催告

● 臨戸

ポイント

督促状を発した後に、催告が始まります。
催告という業務は、地方税法では規定されておらず、督促状を発してもなお完納されない場合に、さらに納付（入）を促すために行うものです。催告には、文書催告・電話催告・臨戸（対面による催告）があり、最近では自動音声電話催告システムも登場しています。どのように催告するかについては、自治体ごとに違います。

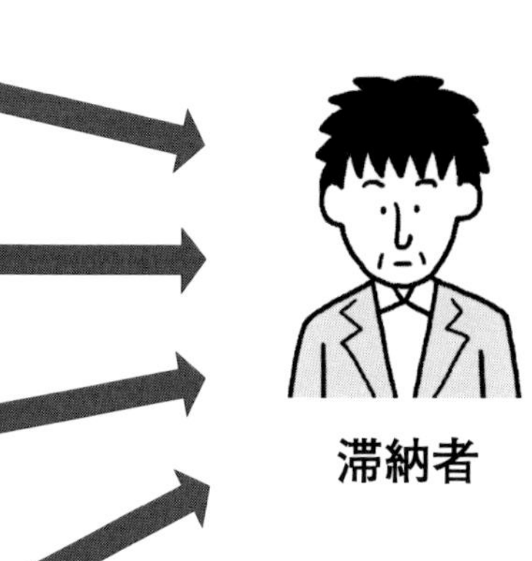

文書催告のみ行う自治体
電話催告のみ行う自治体
文書催告と電話催告の両方を行う自治体
臨戸を中心に行う自治体
臨戸は一切行わない自治体
　など、さまざまです。

●文書催告とは

文書催告には、催告書・最終催告書・差押予告通知書があります。催告だけでは時効の完成猶予及び更新の効力は生じません。ただし民法第150条による催告の効力は認められます。

●民法上の催告（第150条）

（催告による時効の完成猶予）

1　催告があったときは、その時から六箇月を経過するまでの間は、時効は、完成しない。

2　催告によって時効の完成が猶予されている間にされた再度の催告は、前項の規定による時効の完成猶予の効力を有しない。

●自動音声電話催告システムとは

音声合成システムによって、滞納者に対して自動的に催告の電話をかけるしくみです。人手不要で指定の日に一斉に電話をかけることができ、結果を自動集計することができるシステムです。

4-16 所在調査・財産調査

国税徴収法第141条、地方税法第20条の11

● 所在調査

住民票･戸籍とりよせ

他の自治体に照会をかけるときは
根拠法令を書くのがならわしです。
間違えないように書きましょう。

現地調査

債務者の所在不明時には、住民票調査、戸籍調査、戸籍附表調査、現地調査を実施します。
債務者死亡の場合は、法定相続人を調査して請求します。

滞納整理を行う際に、滞納者の状況を把握することは、とても重要です。
相手の状況を知ることで、滞納整理を有利に進めることができます。

●財産調査

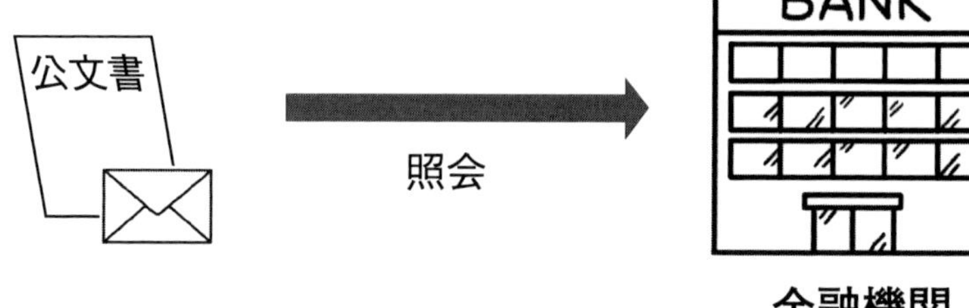

金融機関

一部の自治体ではじまっている電子預金調査は、該当者特定の判断基準の明確化や判断ロジックの自動化の実施など預金調査システムをつくる必要がありますが、差押実績としての件数、収納額ともにその成果は確実にあがっています。

電子預金調査

給与調査、預貯金調査、不動産調査、生命保険調査、動産調査などを実施します。
最近の預貯金調査は、金融機関との調整のうえで、一括して調査を依頼します。

4-17 分納

● 分納相談の内容

分納相談のポイント

・何回払いか
・「分納誓約書」の提出
・他の納税者との「公平性」を考慮

納税者または滞納者が経済状況により、一括で納付できない場合に何回かに分割して納付してもらうことを分納といいます。
徴税吏員としては、納税者や滞納者の言い分を聞くだけではなく、納税意識の向上や、自治体の利益や他の納税者との公平性も考えて、だらだらと長い分納は絶対にしてはいけません。

● その後の分納管理

滞納処分の停止

●分納とその後

きちんと話し合い、妥当な分納を設定しなければなりません。

その際、「分納誓約書」を提出してもらい、分納後は、不履行や新たな滞納が発生することがないようにきちんと観察し、分納不履行が起きた場合は、速やかに滞納処分を執行し、滞納額全額を徴収するよう努めてください。

そのうえで、徴収が困難と判断した場合は滞納処分の停止を検討しましょう。

4-18 公示送達

地方税法第20条の2

● 公示送達は最終手段

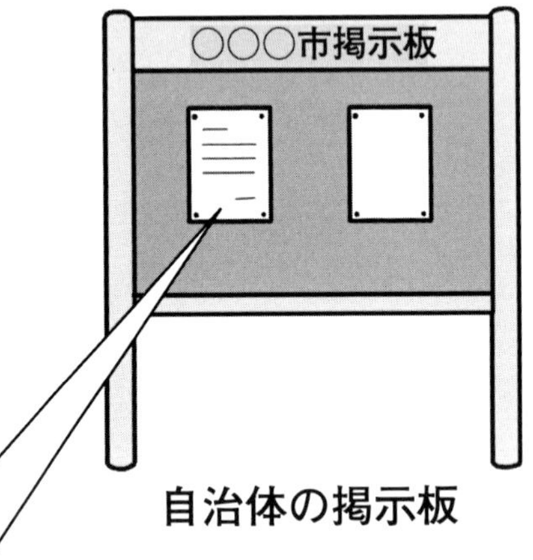

自治体の掲示板

公示送達書

1 送達書類の名称　令和○年度軽自動車税納税通知書

2 氏名　○○○○

3 交付期限　公示日より7日を経過した日から○年

4 交付場所　○○市財政局税務部市民税課

令和××年×月××日
市長 ○○

ポイント

通知を郵送しても戻ってきてしまい、訪問しても会えず、所在調査をしても所在が分からず、滞納者と連絡を取る手立てがない場合には、最終的な手段として、自治体の掲示板に張り出し、一定期間経過の後、納税通知書・督促状が送達されたとみなすことを公示送達といいます。

（差押・執行停止が可能）

● 送達の方法

①郵送による送達

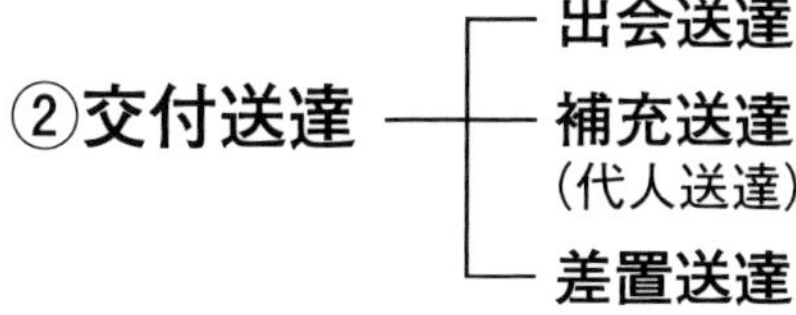

③公示送達

●地方税法上の公示送達（第20条の2）

地方団体の長は、前条の規定により送達すべき書類について、その送達を受けるべき者の住所、居所、事務所及び事業所が明らかでない場合又は外国においてすべき送達につき困難な事情があると認められる場合には、その送達に代えて公示送達をすることができる。

2　公示送達は、地方団体の長が送達すべき書類を保管し、いつでも送達を受けるべき者に交付する旨を地方団体の掲示場に掲示して行う。

3　前項の場合において、掲示を始めた日から起算して7日を経過したときは、書類の送達があつたものとみなす。

4-19 捜索

国税徴収法第142条、第143条等

● 徴税吏員だからできる捜索

捜　索

ポイント

差押を行うにあたり、財産調査のため、滞納者の自宅や事務所を捜索することができます。捜索により発見された財産（動産）は、その場で差し押えることができます。また、滞納者自身に保管させることも可能です。この捜索は、強制徴収債権である地方税ならではの業務です。

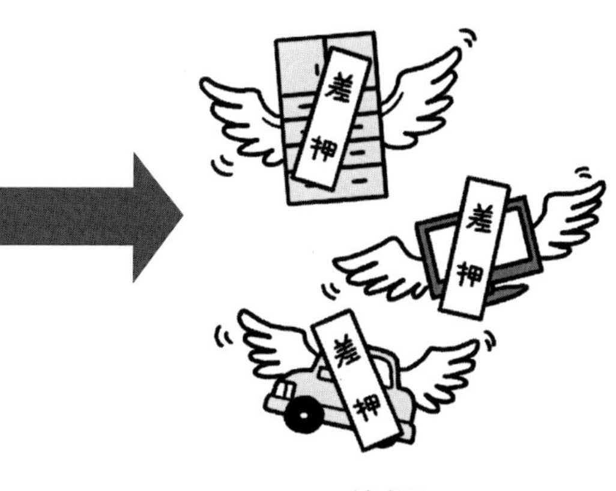

差押

●捜索の権限及び方法（国税徴収法第142条）

徴収職員は、滞納処分のため必要があるときは、滞納者の物又は住居その他の場所につき捜索することができる。

●捜索の時間制限（国税徴収法第143条）

捜索は、日没後から日出前まではすることができない。ただし、日没前に着手した捜索は、日没後まで継続することができる。

2　旅館、飲食店その他夜間でも公衆が出入することができる場所については、滞納処分の執行のためやむを得ない必要があると認めるに足りる相当の理由があるときは、前項本文の規定にかかわらず、日没後でも、公開した時間内は、捜索することができる。

●捜索の立会人（国税徴収法第144条）

平成30年4月1日より、捜索の立会人として県庁職員も立ち会えるようになりました。

4-20 差押

国税徴収法第47条〜第78条

● 差押の流れ

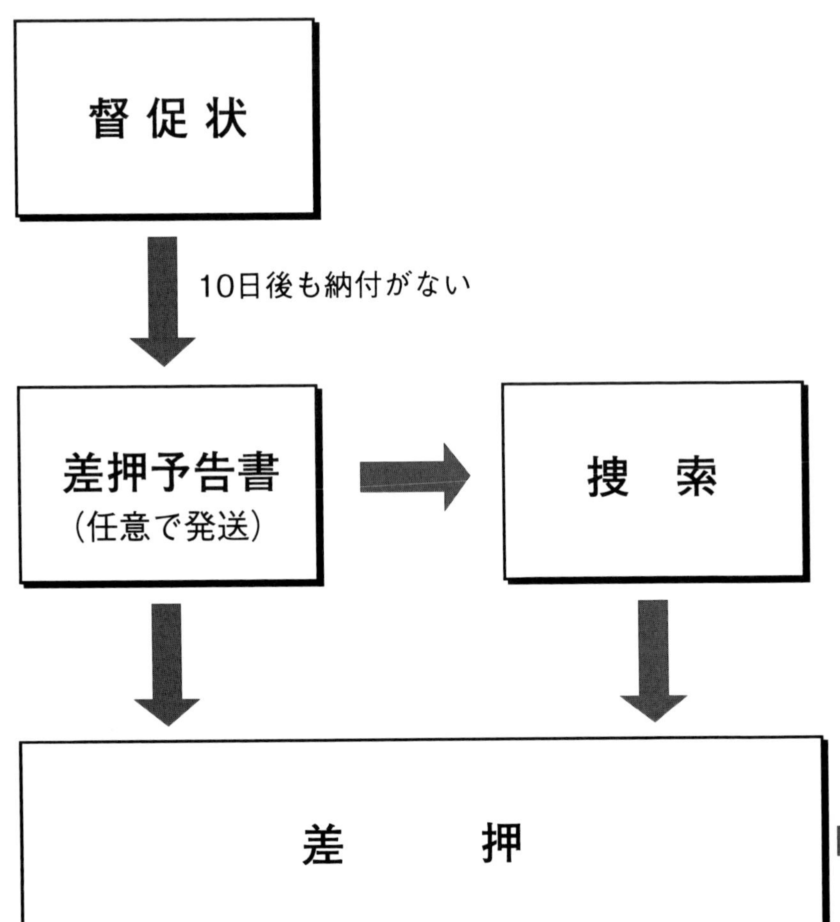

ポイント

督促状を交付して10日がすぎてもなお、滞納が続く場合には、滞納者の財産を差し押さえなければなりません。
差押は、給与や預金などを差し押さえる場合と、滞納者の自宅や事務所を捜索した後、差し押さえる場合などがあります。差押は、映画「マルサの女」のイメージです。

●電子差押

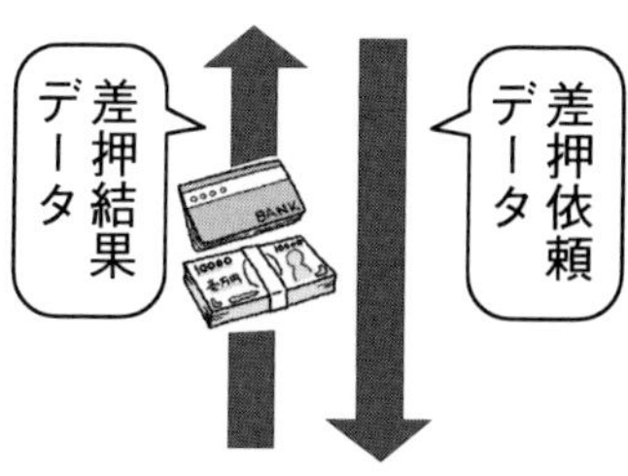

公売・換価へ

●財産とは

不動産（土地、家屋、建物）自動車、船舶、航空機など貴重品・貴金属など給与・預貯金・金融資産（株式・社債など）売掛金著作権・賃借権などがあります。

●差押禁止事項

差押には、滞納者の生活を守るために、差し押さえてはならない動産があります。生活必需品や生計をたてるための備品などが主なものです。差押はそれだけ威力があることを示しています。

差押してはいけない動産があります。（国税徴収法75条）

① 生活に欠くことができない衣服、寝具、家具、台所用具、畳及び建具
② 3カ月間の生活に必要な食料及び燃料
③ 農業を営む者の器具、肥料、家畜及びその飼料、次の収穫まで農業を続行するために欠くことができない種子、その他これに類する農産物
④ 漁業を営む者の漁網その他の漁具、えさ及び稚魚その他これに類する水産物
⑤ 技術者、職人、労務者などの業務に欠くことができない器具その他の物（商品を除く。）
⑥ 実印その他の印で職業又は生活に欠くことができないもの
⑦ 仏像、位牌その他礼拝又は祭祀に直接供するため欠くことができない物
⑧ 滞納者に必要な系譜、日記、商業帳簿及びこれらに類する書類
⑨ 滞納者又はその親族が受けた勲章その他の名誉を表章する物
⑩ 滞納者等の学校その他の教育施設における学習に必要な書類及び器具
⑪ 発明又は著作に係る物で、まだ公表していないもの
⑫ 滞納者等に必要な義手、義足その他の身体の補足に供する物
⑬ 建物その他の工作物について、災害の防止又は保安のため法令の規定 により設備しなければならない消防用の機械又は器具、避難器具その他の備品

4-21 公売・換価

国税徴収法第89条〜第135条

● 公売・換価の流れ

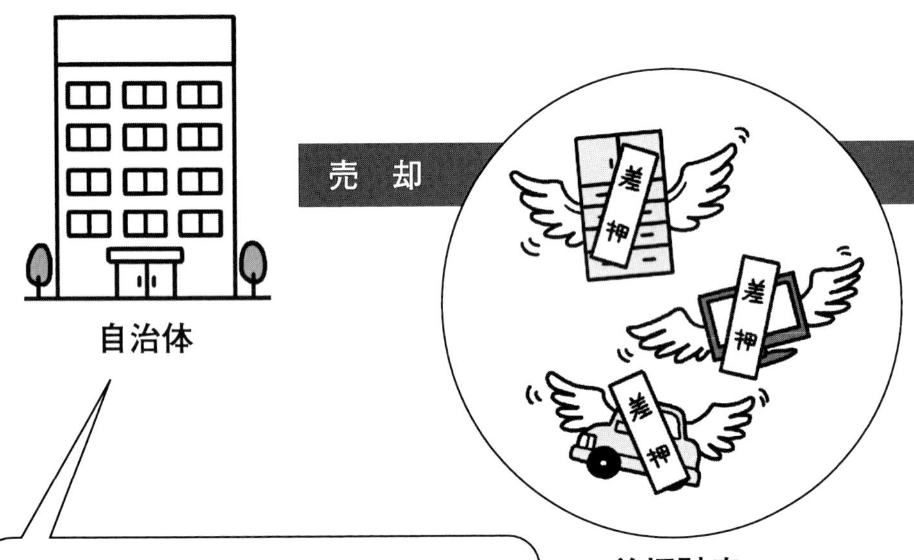

公売会の設営
公売には、
①単独公売（1自治体が主催）
②合同公売会（複数自治体が主催）
③インターネット公売（令和2年度で終了）
などがあります。

地方税では、物納が認められていないので、滞納者が物納を申し出ても、差押した上で、公売・換価の手続きが必要になります。換価とは、差押財産を売却して、金銭に換えることをいい、公売は換価の手段です。

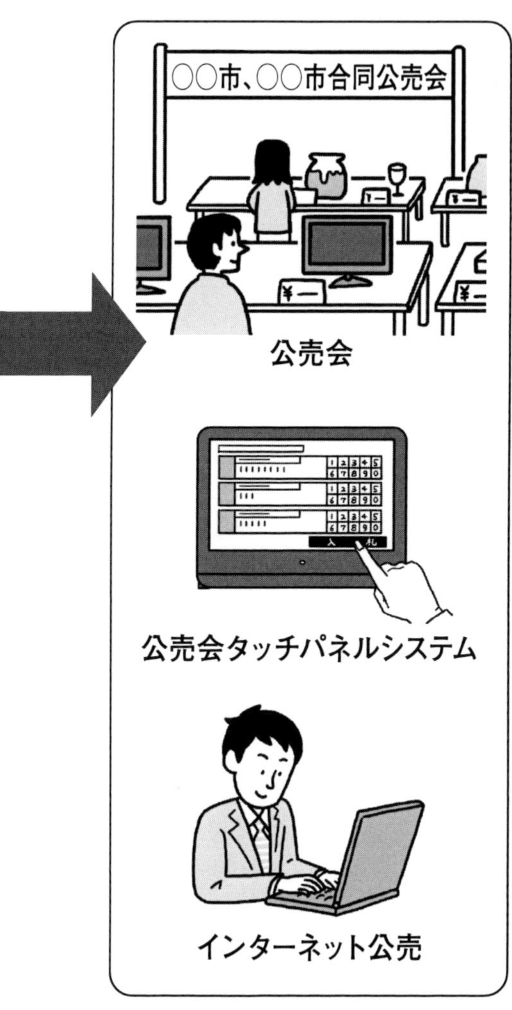

●換価・公売の定義

換価とは、差押財産を売却して、金銭に換えることをいう（国税徴収法第89条〜第135条）。

公売は換価の手段である（国税徴収法第94条〜第108条）。

●公売会タッチパネルシステムとは

公売会場で、タッチパネルで入札・購入から領収書発行、集計までをする来場者用システムのことです。このシステムを導入することにより、領収書発行や帳票作成などの事務処理の負担が軽減されるほか、公売会場に要するスタッフの削減が可能になります。

4-22 交付要求

国税徴収法第82条～第85条

● 交付要求の流れ

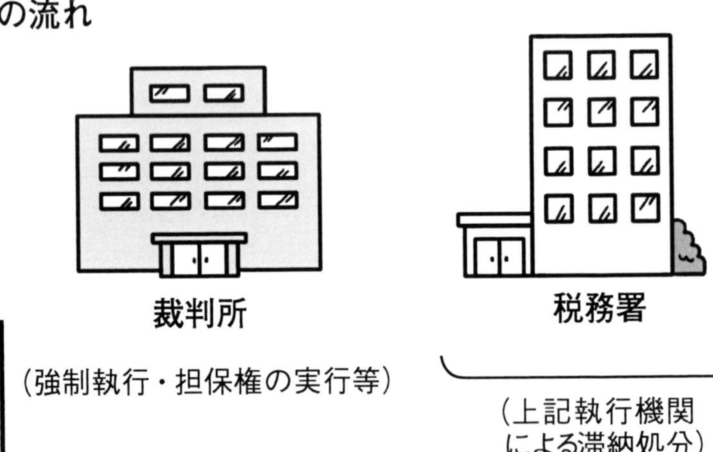

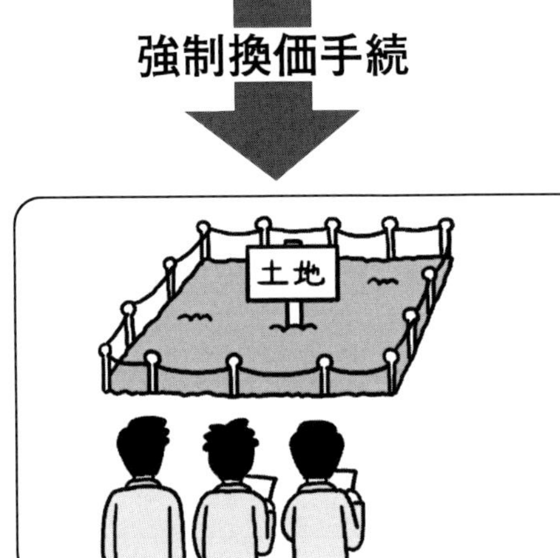

動産・不動産・債権　等

交付要求とは、すでに強制的な換価手続きが行われている財産に対して、配当要求の手続きをすることで、法律に決められた優先順位によって、配当を受ける制度です。交付要求は早い者勝ちなので、税務署や他自治体が換価手続きをしている情報を入手したら、ただちに交付要求することが重要です。

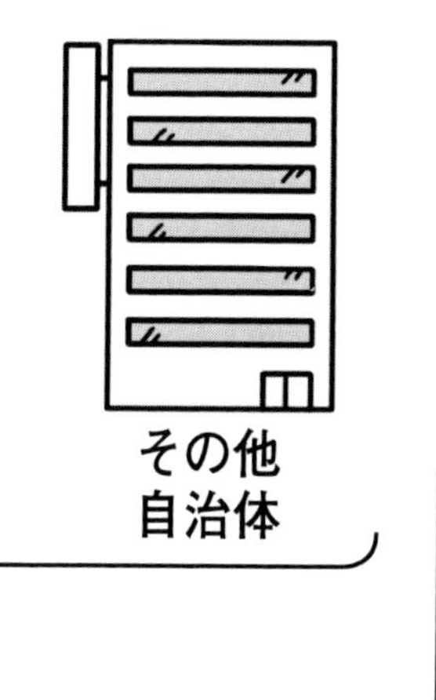

交付要求は
早い者勝ち
（地方税法第14条の7）

●交付要求の定義（国税徴収法第82条～第85条）

交付要求とは、すでに強制的な換価手続きが行われている財産に対して、手続きすることで、法律に決められた優先順位によって、配当を受けることをいう。

4-23 参加差押

国税徴収法第86条～第88条

● 参加差押の流れ

①動産及び有価証券
②不動産、船舶、自動車、
建設機械及び小型船舶
③電話加入権

ポイント

参加差押とは、すでに滞納処分による差押がされている一定の財産に対して、差押手続きを行うことで、先行差押が換価したときに、法律に決められた優先順位によって、配当を受けることができる制度です。なお、参加差押をした場合は、先行差押が解除されると差押の効力が生じます。令和元年の改正により、参加差押をした税務署長は換価催告による換価がされないときには、自ら換価を行うことができるようになりました。

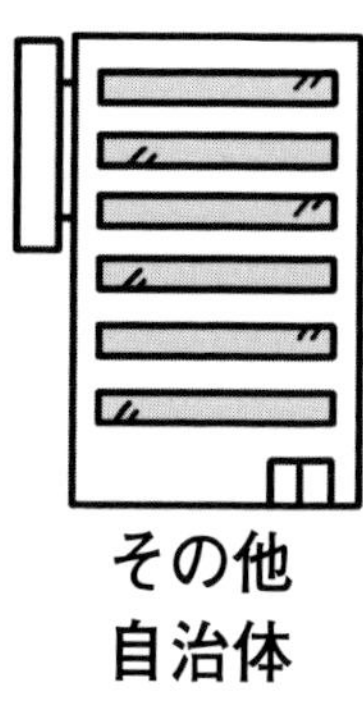

（上記執行機関による滞納処分）

優先順位は差押先着により先に差押した者勝ち
（地方税法第14条の6）

●参加差押の手続（国税徴収法第86条第1項）

参加差押とは、すでに滞納処分による差押がされている一定の財産に対して、差押手続きすることで、先行差押が換価したときに、法律に決められた優先順位によって、配当を受けることをいう。

なお、参加差押をした場合は、先行差押が解除されると、差押の効力を生じる。

●参加差押をした税務署長による換価（国税徴収法第89条の2）

参加差押をした税務署長は、その参加差押に係る不動産が参加差押えの効力の規定による催告をしてもなお換価に付されないときは、同項の滞納処分をした行政機関等の同意を得て、参加差押不動産につき換価の執行をする旨の決定をすることができる。

4-24 修正申告と更正の請求

修正申告：地方税法第20条の9の2
更正の請求：地方税法第20条の9の3

● 納税者からの願い出ではじまる

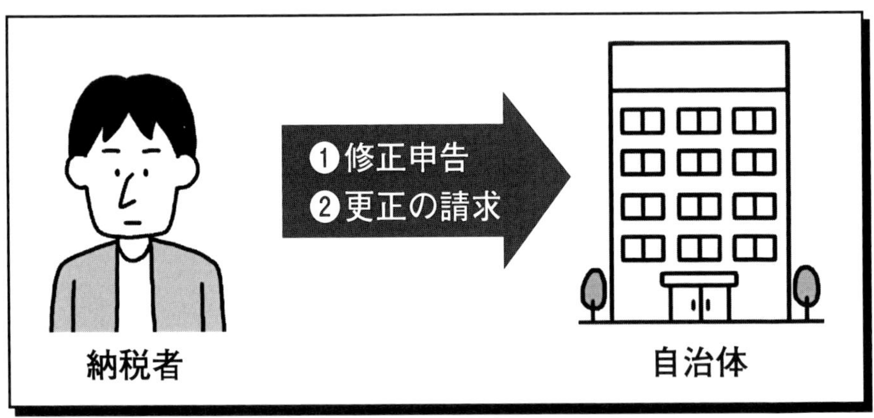

❶ 修正申告のイメージ

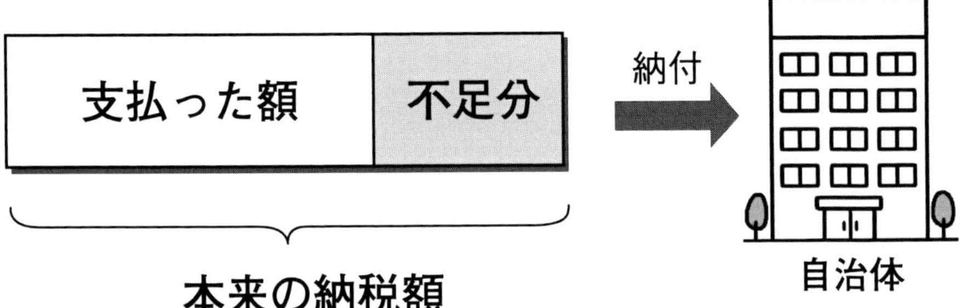

税金の計算は難しいので、納税者が間違えることもあります。
納税者が、申告をやりなおしたいと願い出る場合があります。
過少申告の修正は「修正申告」といい、多めに納めた場合の変更は、「更正の請求」といいます。
平成23年12月2日以降、更正の請求ができる期間は法定申告期限から5年以内となっています。

❷ 更正の請求のイメージ

本来の納税額	返金分

支払った額

法人事業税の所得割と法人市民税の法人税割は、法人税において確定した所得金額及び法人税額により計算するため、法人税において更正を受けるまで地方税の更正ができません。（地方税法施行令第6条の20の2）

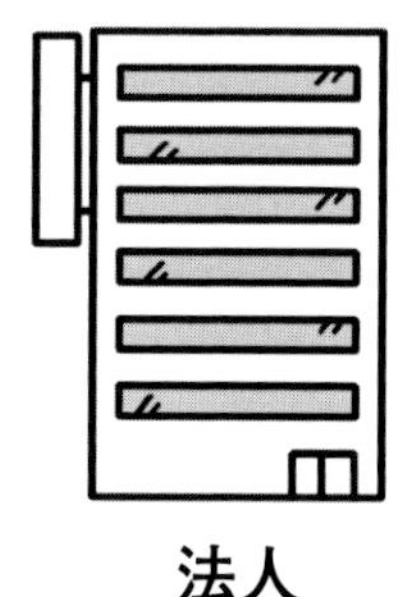

4-25 更正・決定

更正：地方税法第55条第1項
決定：地方税法第55条第2項

● 更正

● 決定

ポイント

更正とは、申告内容と自治体の調査結果が異なった場合に、自治体が申告内容を変更することで、決定とは、納税者が申告しない場合に税額等を決定することをいいます。
更正・決定したら、納税者に通知しなければなりません。

●更正・決定の期間制限（地方税法第17条の5）

更正又は決定は、法定納期限の翌日から起算して5年を経過した日以後においては、することができません。加算金の決定をすることができる期間についても、また同様です。

また、前項の規定により更正をすることができないこととなる日前6月以内にされた更正の請求に係る更正は、前項の規定にかかわらず、当該更正の請求があった日から6月を経過する日まで、することができます。当該更正に伴う加算金の決定をすることができる期間についても、同様です。

さらに、賦課決定は、法定納期限の翌日から起算して3年を経過した日以後においては、することができません（地方税の課税標準又は税額を減少させる賦課決定は、法定納期限の翌日から起算して5年を経過する日まですることができます）。

なお、偽りその他不正の行為により、その全部若しくは一部の税額を免れ、その全部、一部の税額の還付を受けた地方税の更正、決定、賦課決定、当該地方税に係る加算金の決定は、前各項の規定にかかわらず、法定納期限の翌日から起算して7年を経過する日まですることができます。

4-26 審査請求

行政不服審査法第4条、第14条、第57条

● 審査請求の基本的な流れ

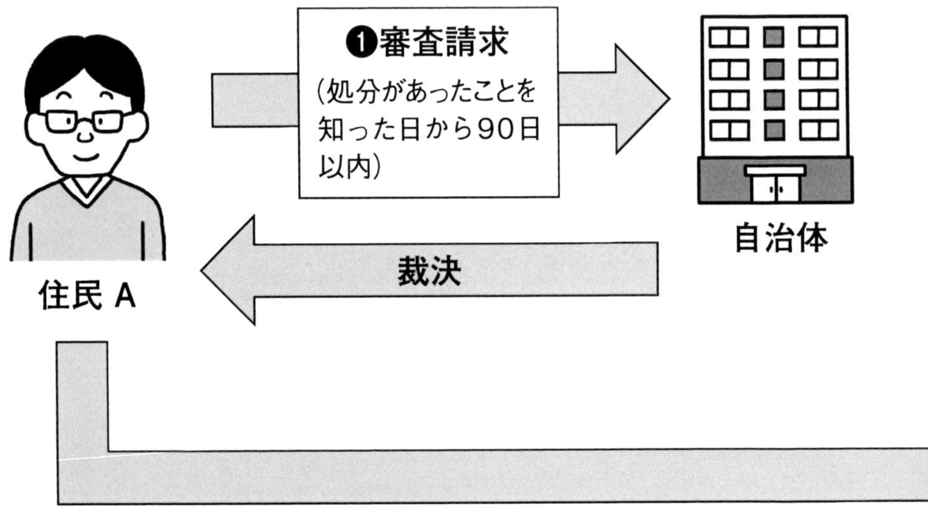

❶審査請求は、行政処分を行った自治体の長に対して申し立てるもの。処分が誤っていないかどうか、その処分を行った自治体自身が点検します。

❷再審査請求は、審査請求を担当する行政庁の裁決に対して、さらに上級行政庁がある場合に、審査請求をするものですが、自治体では該当しません。

自治体の長等が行った処分に対しては審査請求ができます。一般法として行政不服審査法が適用されますが、地方税に関する処分については大量的、反復的であり、その判断も専門的であるなどのことから、地方税法は行政不服審査法の特別規定を置いています。

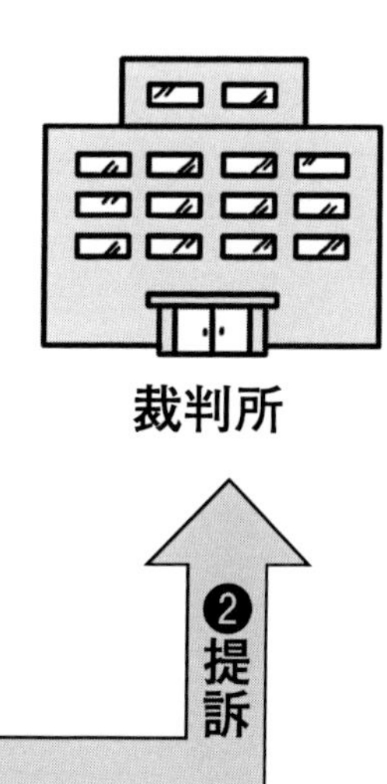

地方税法第19条各号に定める処分の取消しの訴えは、審査請求に対する裁決を経たあとでなければ提訴できません。
(地方税法第19条の12)

●行政不服審査法、地方税法による審査請求の相手方

自治体の徴収金に関する都道府県知事、市町村長の処分に対する審査請求は、当該自治体の長に対するものとします（行政不服審査法第4条第4号）。支庁、地方事務所、市の区の事務所や税務事務所の徴税吏員のした処分をその者が属する支庁等の長がした処分とみなし、その他の徴税吏員がした処分は、その者が属する自治体の長がした処分とみなします（地方税法第19条の2）。

●徴収金に関する審査請求の期間

自治体の徴収金に関する処分の審査請求の期間は、原則として、処分のあったことを知った日の翌日から起算して3カ月以内です（行政不服審査法第18条第1項）。

4-27 附帯金とは

● 附帯金の分類と種類

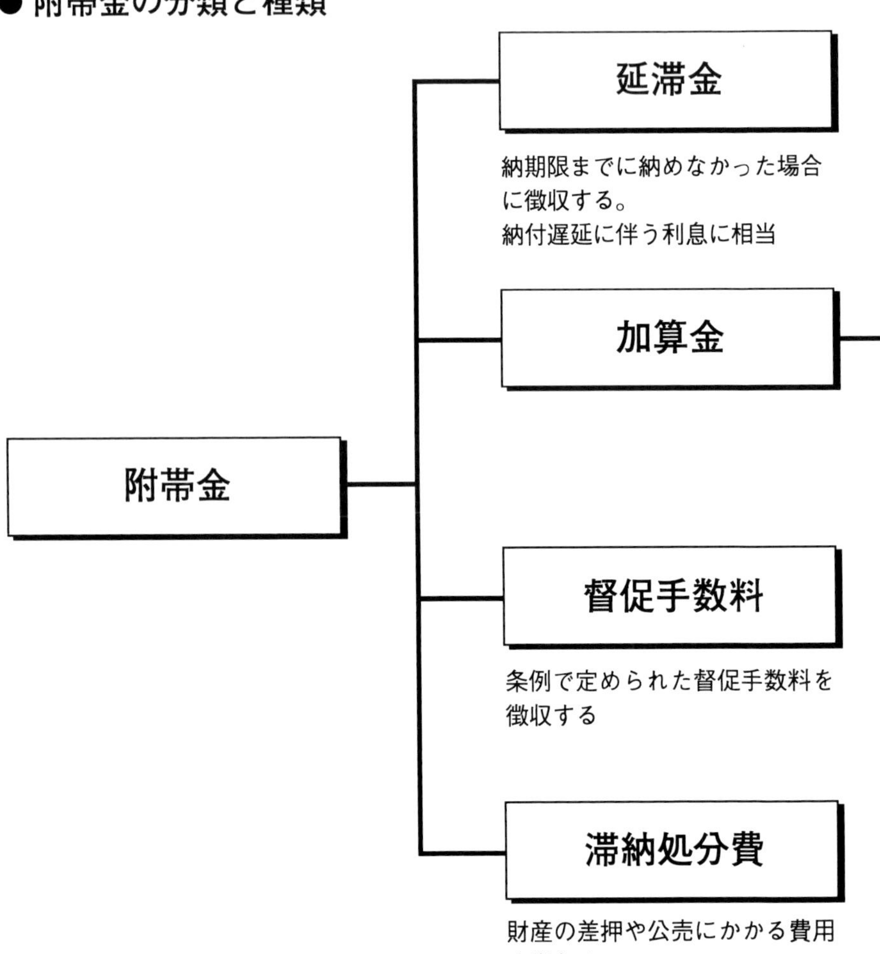

ポイント

附帯金とは、延滞金、加算金、督促手数料、滞納処分費を指します。
加算金には、過少申告加算金、不申告加算金、重加算金があります。

過少申告加算金

申告期限までに申告書を提出したが、申告した税が過少であった場合に徴収する。
不足税額の10%。ただし、不足税額が期限内申告税額または50万円のいずれか多い金額を超える場合には、その超過分の15%を加算する

不申告加算金

申告書を申告期限までに提出しなかった場合に徴収される。税額の15%

重加算金

仮装隠ぺいなどの不正の手段によって申告しなかったり、過少な税額を申告したりした場合に徴収する。不申告の場合は、税額の40%、過少申告の場合は税額の35%

●還付加算金の改正

平成26年1月1日以後の期間に対応するもの

(1) 延滞金の割合を引き下げる。

① 年14.6%の割合の延滞金
→特例基準割合※に7.3%を加算した割合

② 年7.3%の割合の延滞金
→特例基準割合※に1%を加算した割合

(2) 還付加算金の割合を引き下げる。

年7.3%の割合の還付加算金
→納期後1カ月以内は特例基準割合※に1%を加算した割合
→1カ月を経過したときは特例基準割合※に7.3%を加算した割合

※特例基準割合：国内銀行の貸出約定平均金利（新規・短期）の前々年10月～前年9月における平均に、1%を加算した割合

おすすめの参考図書（主要税目・徴収等）

【主要税目】

『固定資産税逐条解説』固定資産税務研究会編　地方財務協会

『Q&A実践固定資産税　課税客体編』古郡寛著　ぎょうせい

『要説住民税』市町村税務研究会編　ぎょうせい

『所得税・個人住民税ガイドブック』秋山友宏・松岡章夫・笹原眞司・山下章夫共著　大蔵財務協会

【徴収関係】

『国税徴収法基本通達逐条解説（各年版）』大蔵財務協会

『図解　国税徴収法（各年版）』大蔵財務協会

『滞納整理事務の手引（第20版）』東京税務協会

『地方税の徴収実務事例集（第１次改訂版）』日高全海著　学陽書房

『改正民法対応 自治体のための債権回収Q&A―現場からの質問（第２次改訂版）』青田悟朗著　第一法規

『租税公課徴収実務のポイント300選』橘素子著　大蔵財務協会

『わかりやすい訴訟のしくみ―見る＋読む＝わかる（改訂第８版）』石原豊昭著・山川直人絵　自由国民社

『自治体のための債権管理マニュアル』東京弁護士会弁護士業務改革委員会自治体債権管理問題検討チーム編　ぎょうせい

『自治体職員が知っておきたい債権管理術―使用料・手数料等の滞納債権を消滅時効させないために』大塚康男著　ぎょうせい

『地方公務員のための債権管理・回収実務マニュアル―債権別解決手法の手引き』大阪弁護士会・自治体債権管理研究会編　第一法規

『生活再建型滞納整理の実務』瀧康暢・生水裕美編著　ぎょうせい

【その他：マネジメント・国際課税・IT・最新技術など】

『皆伝プロの極意　滞納整理と進行管理（改訂版）』藤井朗著　東京税務協会

『国際租税訴訟の最前線』中里実・太田洋・弘中聡浩・宮塚久編著　有斐閣

『タックスシェルター』中里実著　有斐閣

『事例解説　地方税とプライバシー（改訂版）』地方税事務研究会編著　ぎょうせい

『自治体のクレジット収納―導入・活用の手引き』柏木恵著　学陽書房

章

これからの論点

5-1 マイナポータルの活用

● マイナポータルで行政手段がワンストップになる

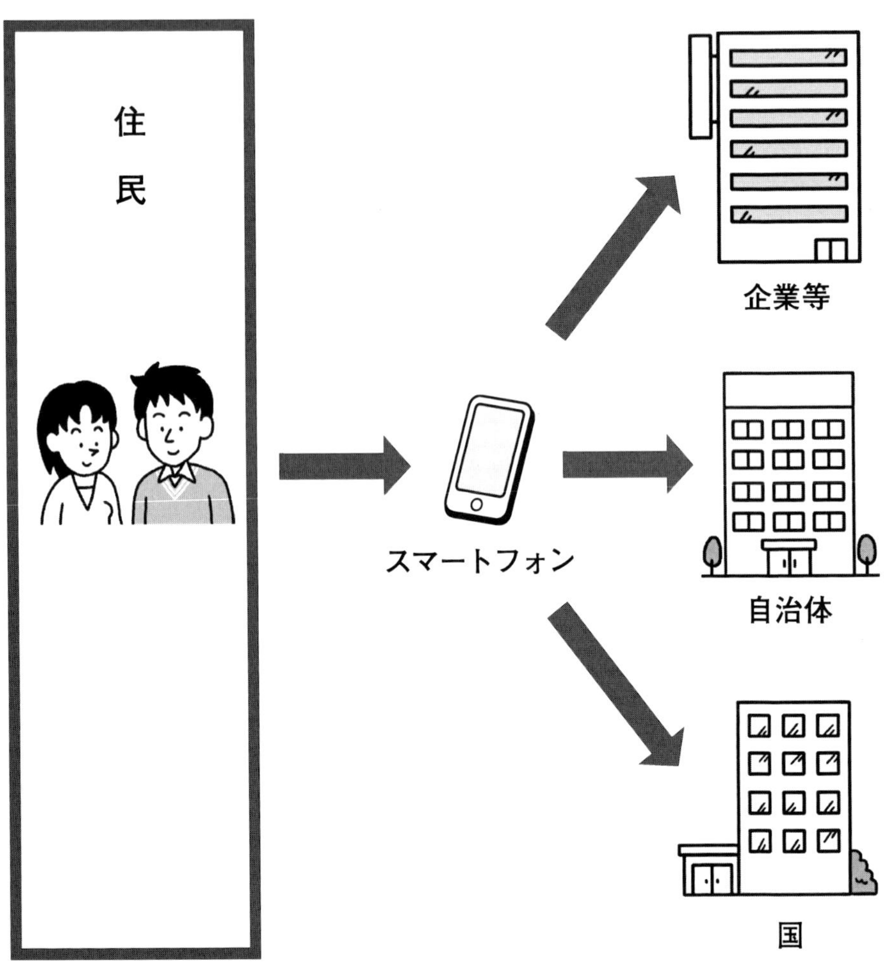

マイナポータルは政府が運営するオンラインサービスのことです。このサービスを活用することで、地方税分野では、確定申告書や住民税申告書の情報、給与支払報告書等の資料情報や、市区町村の有する住民情報等を、マイナンバーをキーとして名寄せ・突合でき、納税者の所得情報をより適格かつ効率的に把握することが可能となります。さらに、当該所得情報等について、情報提供ネットワークシステムを通じて福祉分野等へ提供することが可能となります。

● マイナポータルとは

子育てや介護をはじめとする行政手続がワンストップでできたり、行政機関からのお知らせを確認できたりします。マイナポータルで提供される具体的なサービスは以下の通りです。

情報提供等記録表示（やりとり履歴）	情報提供ネットワークシステムを通じた住民の情報のやりとりの記録を確認できる
自己情報開示（あなたの情報）	行政機関などが持っている自分の特定個人情報が確認できる
お知らせ	行政機関などから個人に合ったきめ細やかなお知らせを確認できる
民間送達サービスとの連携	行政機関や民間企業等からのお知らせなどを民間の送達サービスを活用して受け取ることができる
子育てワンストップサービス	地方自治体の子育てに関するサービスの検索やオンライン申請ができる
公金決裁サービス	マイナポータルのお知らせを使い、ネットバンキング（ペイジー）やクレジットカードでの公金決済ができる
もっとつながる（外部サイト連携）	外部サイトを登録することで、マイナポータルから外部サイトへのログインが可能になる

5-2 外国人の課税

地方税法第294条第2項

● 外国人への住民基本台帳法適用のイメージ

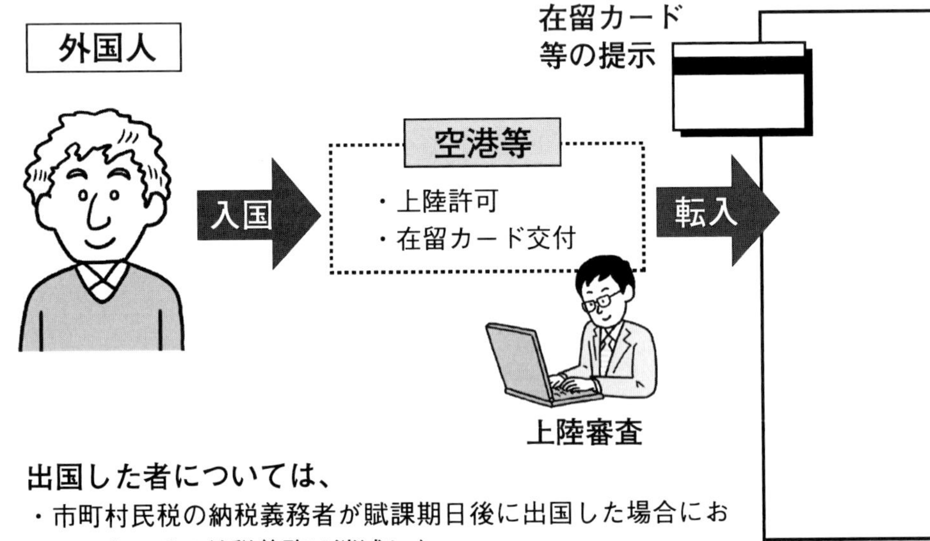

出国した者については、

・市町村民税の納税義務者が賦課期日後に出国した場合においても、その納税義務は消滅しない。

・その者の出国の期間、目的、出国中の居住の状況等から単に旅行にすぎないと認められる場合には、出国中であっても、その出国前の居住地 に住所があるものとする。

ポイント

グローバル化が進み、日本国内に多くの外国人をみかけるようになり、外国人でも、日本に住所があれば、その住所のある市町村で住民税が課税されます。平成24年7月から外国人にも住民基本台帳法が適用されることとなり、住宅や別荘などを所有していれば固定資産税が課税されています。

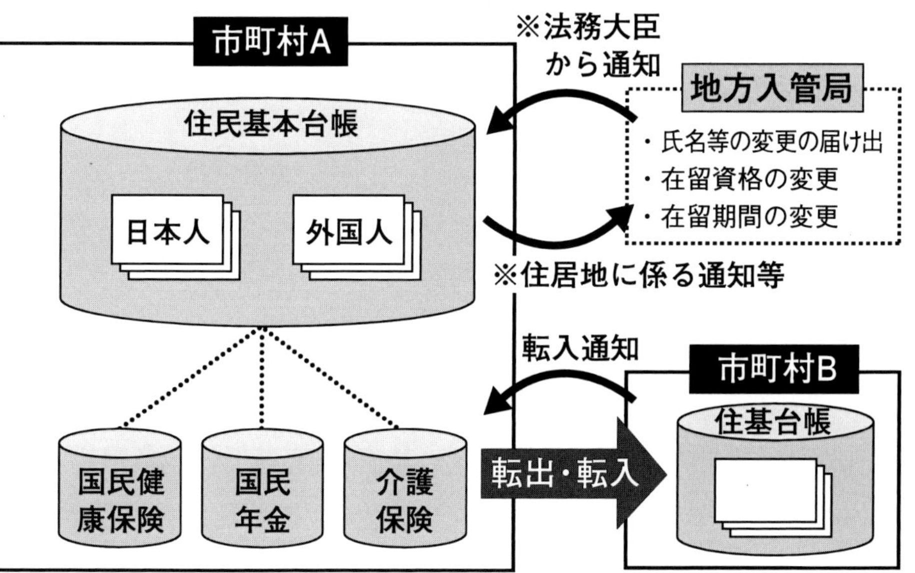

※従来は、外国人には住基法の適用がなく、個人住民税の課税にあたっては「外国人等に対する個人の住民税の取扱いについて」（昭41.5.31自治府第54号自治省税務局長通達）により住所の認定を行っていましたが、住基法の改正により当該通知は平成24年7月9日に廃止されました。
（出所：総務省ホームページ）

5-3 タックスアムネスティ

● タックスアムネスティの狙い

タックスアムネスティ期間後は罰金や延滞利息がタックスアムネスティ前よりも高くなります。
滞納者と脱税者に優遇措置を与えることで、自発的に表に出てもらって捕捉し、出てこない場合はさらに厳しくするというアメとムチの政策です。
いつ行われるかは分からないため、タックスアムネスティを見越して滞納することはできません。

● 米国州政府タックスアムネスティの費用対効果
（2002年当時）

	サウスカロライナ州	マサチューセッツ州	メリーランド州	コネチカット州
徴収額	6620万	1億3400万	4000万	9500万
経費	180万	150万	340万	100万
費用対効果	36.8倍	89.3倍	11.8倍	95倍

出所：各州政府へのメールインタビューにより作成

ポイント

タックスアムネスティとは、米国において滞納者や脱税者に対し、一定期間の間（通常2, 3カ月）、滞納している税金を納めれば、その滞納していた分の罰金や延滞利息（日本の加算税と延滞税に相当）については免除もしくは一部免除といった優遇措置を与える制度をいいます。

単位：ドル

ミズーリ州	ケンタッキー州
7300万	4400万
35万	400万
208.6倍	11倍

●米国の実施例

米国では1982年11月にアリゾナ州が始めて以来、これまで48州で110回行われ、2010年も世界同時不況の影響のせいか、1月にニューヨーク州、4月にマサチューセッツ州とペンシルバニア州、6月にニューメキシコ州、7月にフロリダ州とネバダ州、8月にワシントンD.C、9月にルイジアナ州とカンザス州、10月にイリノイ州で行われました。2カ月間で、徴収額はルイジアナ州で3億370万ドル、ペンシルバニア州で2億6100万ドル、ワシントンD.Cで2080万ドルに達しました。

5-4 徴収コストを考える

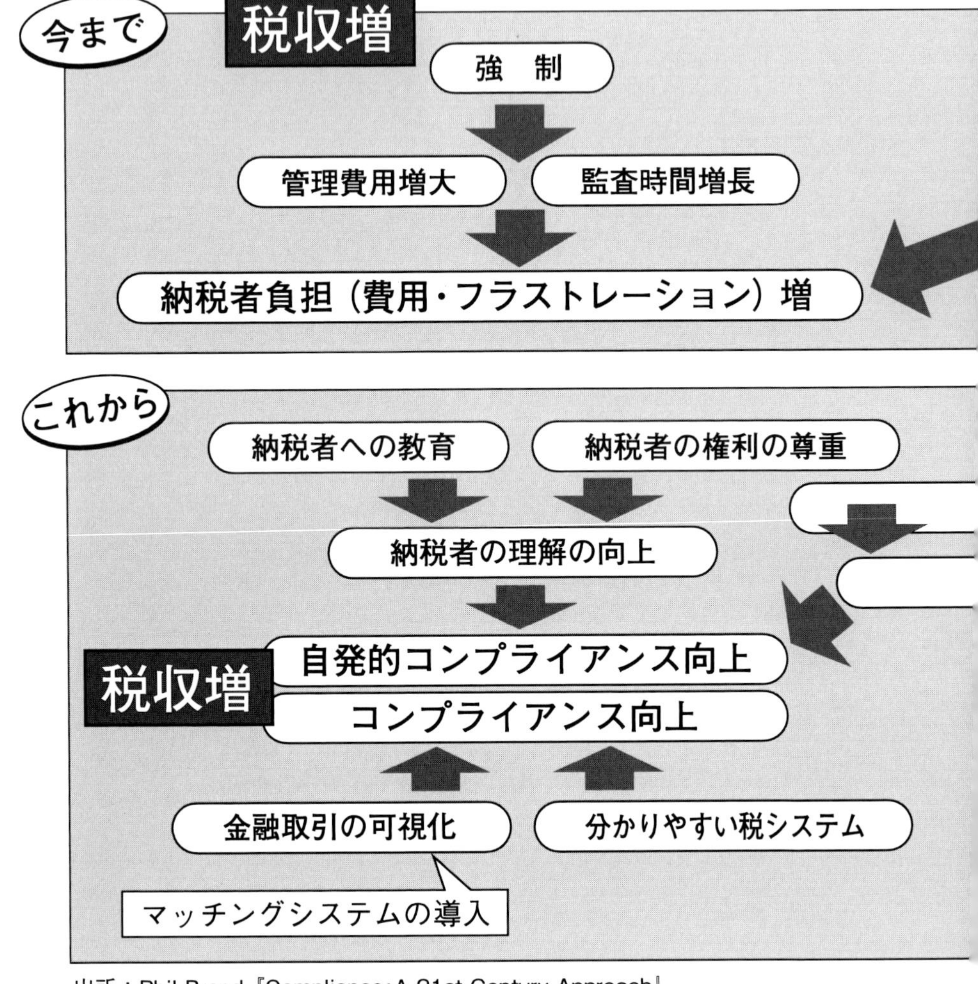

出所：Phil Brand『Compliance:A 21st Century Approach』

自治体運営を考える上で、簡素な徴収は重要です。コストをかけずに徴収するには、罰則を強化するよりも、納税者の「タックス・コンプライアンス」を高めることです。つまり、税は納めるべきものであると納税者に納税意識をもたせることで、納税者が自発的に納税するようになれば、徴収費は安くなります。

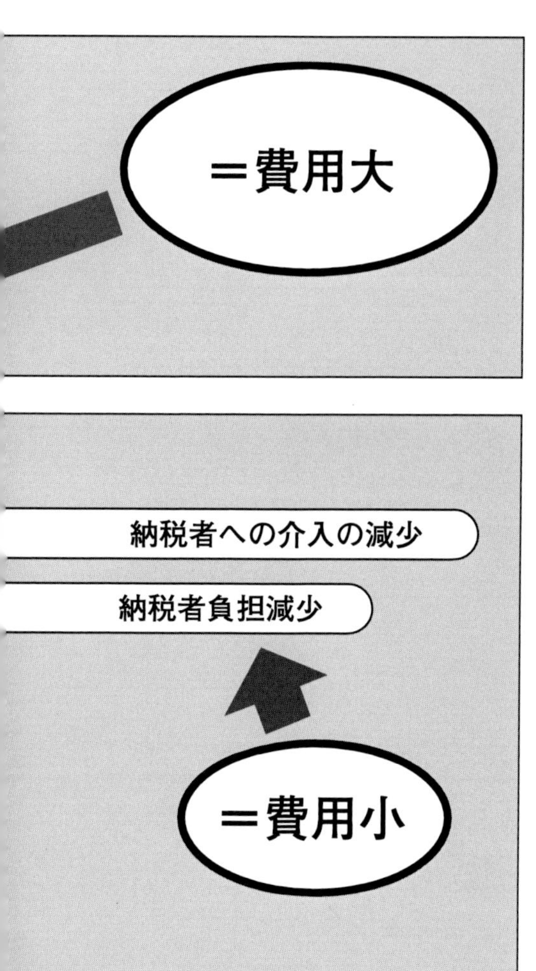

●世界の流れ

タックス・コンプライアンスとは、税は納めるべきものであるという納税意識のことを指しますが、徴税費がかからずに徴収するには、納税者が自発的に納めることが肝心です。納税者の自主性を重んじる方策をとっています。

●最近の考え方

近年の脱税の拡大は放っておけば福祉国家をゆるがすことになりかねないことから、社会規範や税のモラルを高める必要があるとされています。従来の合理的期待形成論では限界があり、新たに心理学的アプローチに注目が集まっています。

ドイツは近年、罰金と禁固刑を強めましたが、データを検証したところ、罰金には効果がないという結果が出て、抑止よりも社会規範とくに税に対するモラルの高さが最も有効という結論に達しています。

5-5 納税者とのコンタクト

● 従来の納税者とのコンタクト

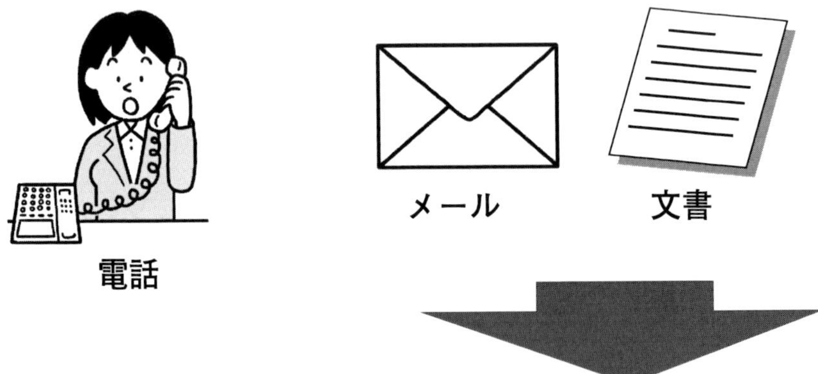

● 将来形の納税者とのコンタクト

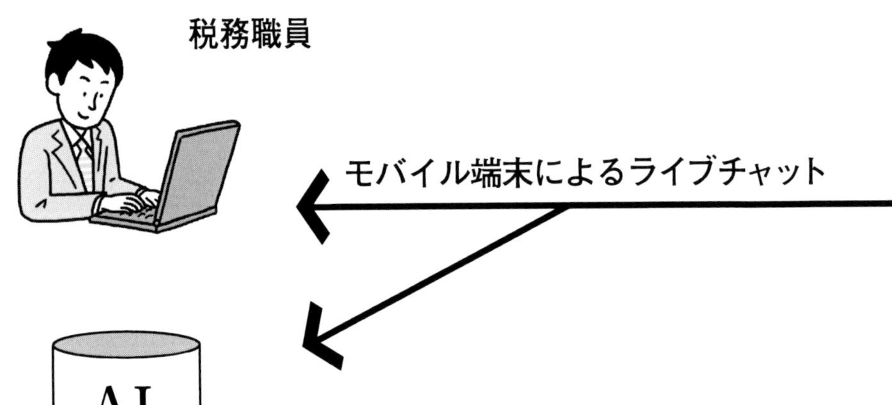

納税者からの問い合わせに答えるのは、税務職員の重要な仕事です。
納税者とのコンタクトには、電話、Eメール、文書、FAX、ネット上のFAQといった方法があります。
現在、最も多いのは電話ですが、今の若い世代が勤労世代になるころには、モバイル端末が基本となるでしょう。

FAX

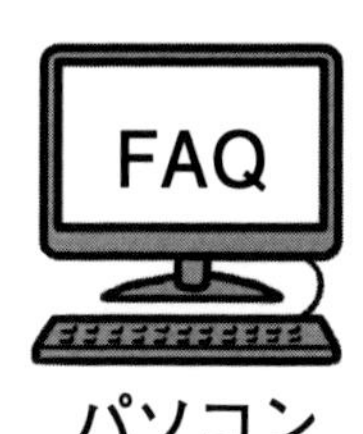

パソコン

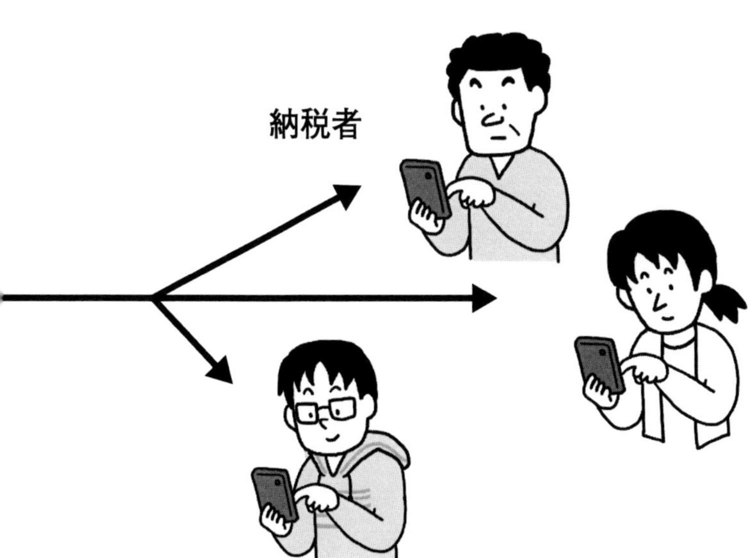

5-6 RPAの活用

● ふるさと納税業務をRPA化により時短化（宇城市の事例）
〈RPA使用前〉

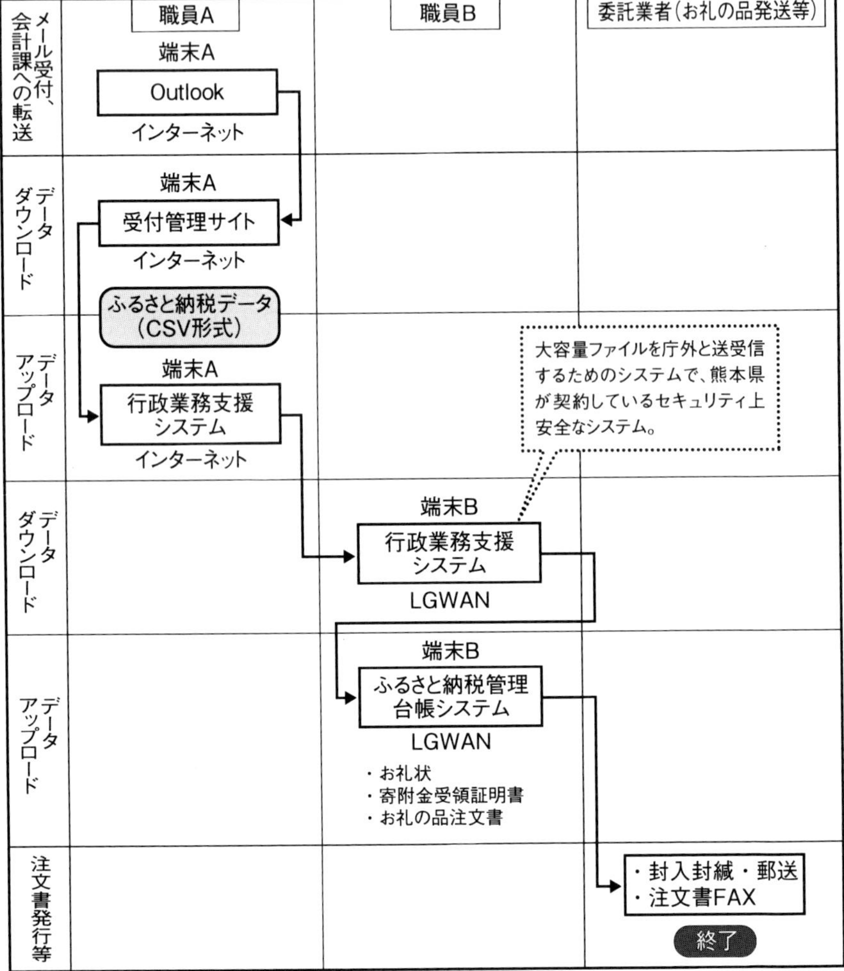

出所：宇城市資料

RPA（Robotic Process Automation）は人手で行ってきた事務作業をロボットが記録もしくは可視化して作業を自動的に実行するので、定型業務を自動化することが可能なしくみのことです。文字や図形の判別や大量のデータの入力、様々なソフトウェアの操作や連携などが得意で、ルーティン業務に適していて、大量の情報処理を要する税務業務にも活用することが期待されています。

〈RPA使用後〉

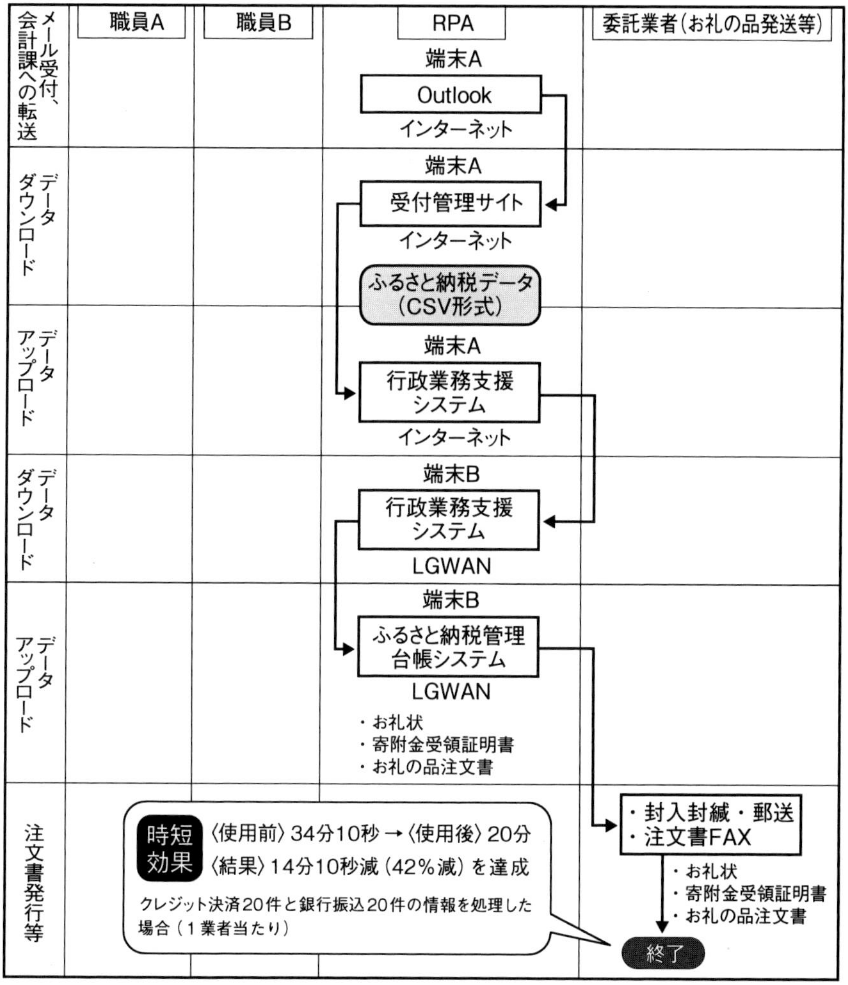

	職員A	職員B	RPA	委託業者（お礼の品発送等）
メール受付、会計課への転送			端末A Outlook インターネット	
データダウンロード			端末A 受付管理サイト インターネット ふるさと納税データ（CSV形式）	
データアップロード			端末A 行政業務支援システム インターネット	
データダウンロード			端末B 行政業務支援システム LGWAN	
データアップロード			端末B ふるさと納税管理台帳システム LGWAN ・お礼状 ・寄附金受領証明書 ・お礼の品注文書	
注文書発行等	時短効果 〈使用前〉34分10秒→〈使用後〉20分 〈結果〉14分10秒減（42％減）を達成 クレジット決済20件と銀行振込20件の情報を処理した場合（1業者当たり）			・封入封緘・郵送 ・注文書FAX ・お礼状 ・寄附金受領証明書 ・お礼の品注文書 終了

5-7 民間委託

● 民間委託の導入状況

	都道府県	市区町村
インターネット公売	37件	613件
電話による自主納付	14件	182件
臨戸訪問による自主納付	0件	27件
納税通知書の作成業務	47件	1220件
納税通知書の封入・発送業務	45件	812件
催告・督促状の作成業務	46件	602件
催告・督促状の封入・発送業務	44件	237件
納税証明書の発行業務	3件	77件

出所：総務省資料　　平成30年7月現在

● 課題

・セキュリティ、個人情報の保護、守秘義務
・費用対効果
・システムの不具合の対応（即日での対応が困難等）
・委託事務の品質管理
・委託できる民間事業者がいない

自治体サービスに対する住民ニーズが高まる一方で、団塊世代の退職や近年の新卒採用抑止から、将来、公務員は減少するといわれています。人手不足の解消に民間委託は有効で、税務業務にも、民間委託が広がりつつあります。しかし、税務業務は公権力の部分があるので、現在はそれ以外の部分で民間委託が行われています。

● 民間委託業務の範囲の拡大

平成17(2005)年4月に総務省が、都道府県に民間業務委託の推進を通知して下記の範囲は委託可能になりました。

(1) 公権力の行使（公売、差押え、督促など）に当たらない業務

○滞納者に対する電話での自主納付の呼びかけ
○コンビニエンスストアによる収納

(2) 公権力の行使に関連する補助的な業務

○インターネットオークションによる入札関係
○不動産公売情報の配布・広報宣伝
○公売対象となる美術品などの見積価額算定のための鑑定
○差押動産（自動車、美術品、ワインなど）の移送・保管
○納税通知書や督促状などの印刷、作成、封入れなど
○調査で収集した軽油の性状分析

出所：「税務経理」（時事通信社、 2005.4.15 ）

5-8 所有者不明土地の問題

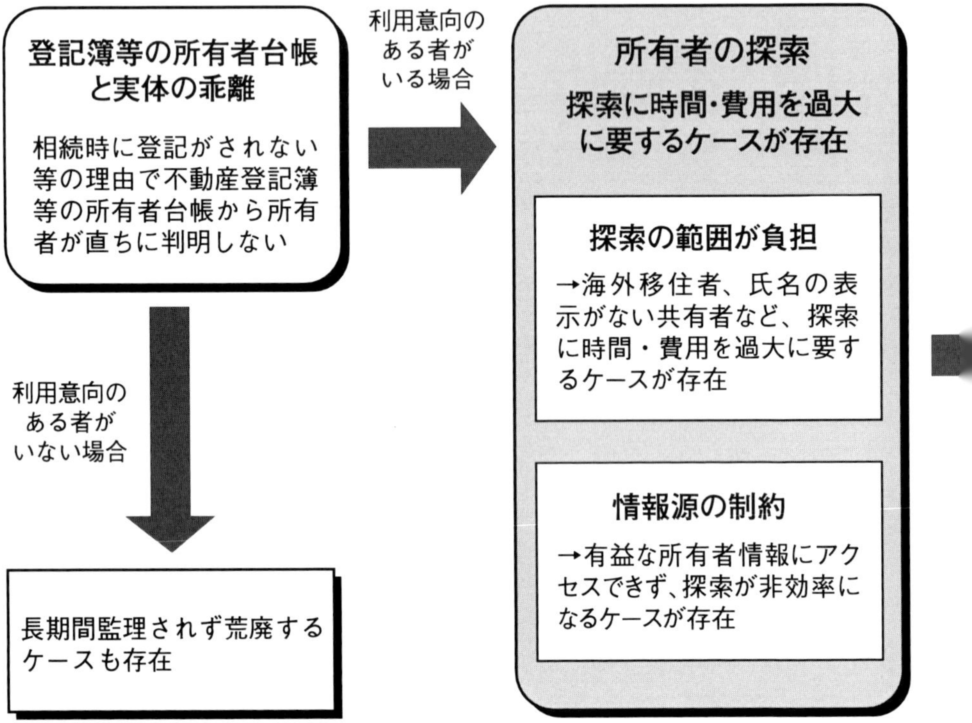

登記簿等の所有者台帳と実体の乖離

相続時に登記がされない等の理由で不動産登記簿等の所有者台帳から所有者が直ちに判明しない

利用意向のある者がいる場合 →

所有者の探索

探索に時間・費用を過大に要するケースが存在

探索の範囲が負担

→海外移住者、氏名の表示がない共有者など、探索に時間・費用を過大に要するケースが存在

情報源の制約

→有益な所有者情報にアクセスできず、探索が非効率になるケースが存在

利用意向のある者がいない場合 ↓

長期間監理されず荒廃するケースも存在

ポイント

所有者不明土地とは、不動産登記簿等の所有者台帳により、所有者が直ちに判明しない、または判明しても所有者に連絡が付かない土地のことをいいます。具体的には、所有者の探索を行う者の利用できる台帳が更新されていない、台帳間の情報が異なるなどの理由により、所有者の特定を直ちに行うことが難しい土地、所有者を特定できたとしても、転居先が追えないなどの理由により、その所在が不明である土地などのことです。

- **固定資産税の滞納**
- 空き家問題
- 公共事業用地の取得の問題
- 農地(耕作放棄地)問題
- 森林管理(水源管理)

●相続による納税義務の承継（地方税法第9条）

相続（包括遺贈を含む。以下本章において同じ。）があつた場合には、その相続人（包括受遺者を含む。以下本章において同じ。）又は民法（明治29年法律第89号）第951条の法人は、被相続人（包括遺贈者を含む。以下本章において同じ。）に課されるべき、又は被相続人が納付し、若しくは納入すべき地方団体の徴収金（以下本章において「被相続人の地方団体の徴収金」という。）を納付し、又は納入しなければならない。ただし、限定承認をした相続人は、相続によつて得た財産を限度とする。

2　前項の場合において、相続人が2人以上あるときは、各相続人は、被相続人の地方団体の徴収金を民法第900条から第902条までの規定によるその相続分によりあん分して計算した額を納付し、又は納入しなければならない。

3　前項の場合において、相続人のうちに相続によつて得た財産の価額が同項の規定により納付し、又は納入すべき地方団体の徴収金の額をこえている者があるときは、その相続人は、そのこえる価額を限度として、他の相続人が同項の規定により納付し、又は納入すべき地方団体の徴収金を納付し、又は納入する責に任ずる。

4　前三項の規定によつて承継する義務は、当該義務に係る申告又は報告の義務を含むものとする。

5-9 徴収一元化

● 私債権回収における法的措置の違いと特徴

	支払督促	訴えの提起
簡便性・効率性	◎	×
目的	金銭の支払の給付請求に限られる	確定判決を得て決着する
債務名義	得られる	得られる（勝訴の場合）
請求金額制限	無し	無し
場所	債務者の住所地等の簡易裁判所に限られる（遠隔地だと交通費が発生）	地方裁判所（140万円超） 簡易裁判所（140万円以下）
判断機関	裁判所書記官	裁判官
当事者の呼称	債権者—債務者	原告—被告
出頭の必要性	無し（書類審査のみ）	有り
公示送達	認められない	認められる
議会の議決	不要（異議が出ると必要）	必要
コスト	安い（通常の半額）	高い
時間	短い	長い
その他	既判力がないため財産開示請求できない	費用や時間がかかる

徴収一元化とは、複数債権の滞納者に対して税金だけでなく、他の公債権や私債権も合わせて徴収することです。たとえば税金だけでなく、国保、住宅使用料、保育料も滞納している住民にも合算して徴収します。債権の種類や納税者の事情により、いくつものパターンができる徴収一元化だからこそ、とくに私債権回収の法的措置の違いを用意しておくと、過剰なストレスから解放されるかもしれません。

少額訴訟	即決和解（起訴前の和解）	民事調停
◎（書面は訴状と一緒）	×（合意が必要）	×（合意が必要）
金銭の支払の給付請求に限られる	金銭の支払請求および土地建物の明渡請求	一定の合意を得ることで解決する
得られる	得られる（和解調書）	得られる（調停調書）
60万円以下	無し	無し
簡易裁判所	簡易裁判所	簡易裁判所
裁判官	裁判官	裁判官・調停委員
原告―被告	申立人―相手方	申立人―相手方
有り（原則1回）	有り（非公開審理）	有り（非公開審理）
認められない	認められない	認められない
必要	必要	必要
高い	手数料一律2，000円	訴えの提起より少額
短い	短い	訴えの提起より短い
利用限度年間10回（簡易裁判所ごと）	十分な話し合いにより和解案作成	

5-10 徴収の理想形

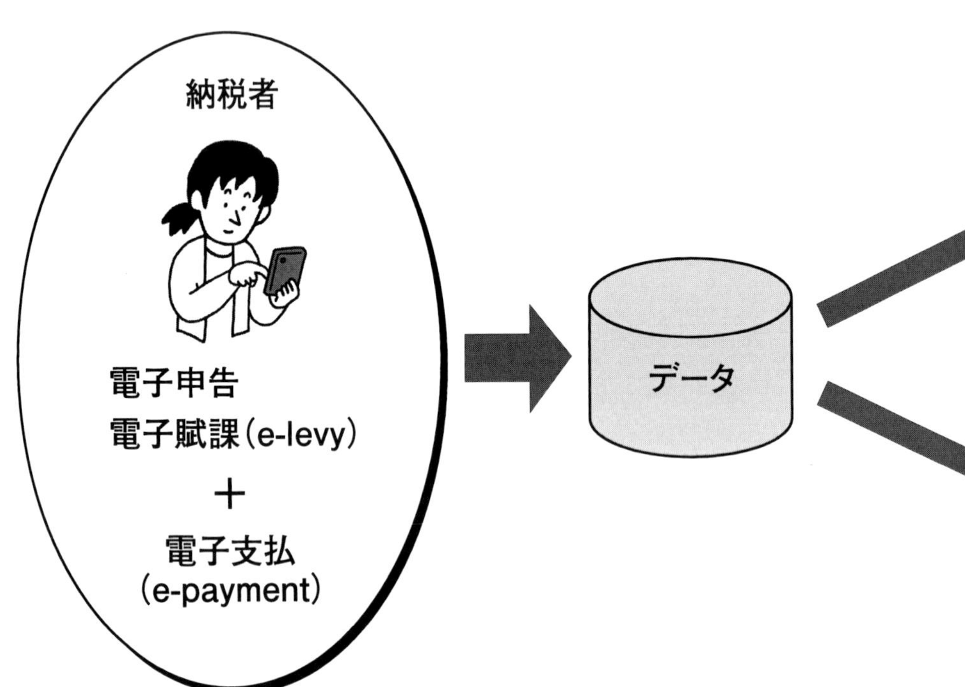

昨今の世界的なグローバル化・デジタル化の潮流に加えて、日本は先進国の中でも先がけて少子高齢社会・人口減少社会に直面します。当然、公務員の数も減少しますので、効率的で効果的な徴収を行うには徹底的なデジタル化が不可欠です。

チャット

コールセンター

メール

滞納整理

自動音声電話催告（IVR）

電子預金調査

電子差押

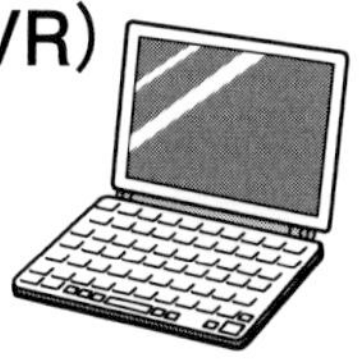

効率化

（職員の負担軽減）

自治体の課題

日本の財政は国債という次世代への借金に依存しています。しかし、今後の人口構成や経済発展を考えると、この状況は続けられません。

このままの国家を維持するには、税や料の負担の増加は避けては通れません。しかし国民がその増税に持ちこたえることができるのでしょうか。

年金の場合、支給額の削減や受給開始年齢の引き上げも行われています。

自治体においても従来のような地方交付税交付金等に依存しない自立した自治体を目指す必要があります。仮に道州制が進めば、税源はもっと移譲され、その分自立の気概がが求められるのです。

同時に税や料の負担の公平性を追求すべきです。支払われていない税や料は回収しなければなりません。税源移譲により自主財源が増えたからといって、これまで以上に自力で徴収しなければ税収確保は難しいのですから。

納税者や滞納者の収入のパイは限られています。行うべきことは確実に、新たな方策も検討し、あらゆる手をつくすことが今の税務行政に必要となります。

今までのように差押をしなかったり、しても換価しなかったり、延滞金を徴収しないということであれば、自治体は自ら自立のチャンスを逃し、財政は悪化する一方です。

新しい取り組みにもチャレンジしながら、自分たちの自治体のあるべき姿を模索することが何よりも重要です。